财务管理与内部控制体系构建

赵军莉　张　敏　祁晓敏　主编

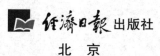

经济日报出版社

北　京

图书在版编目（CIP）数据

财务管理与内部控制体系构建 / 赵军莉，张敏，祁
晓敏主编 . -- 北京：经济日报出版社，2024. 8.
ISBN 978-7-5196-1494-2

Ⅰ . F275

中国国家版本馆 CIP 数据核字第 2024TY3094 号

财务管理与内部控制体系构建
CAIWU GUANLI YU NEIBU KONGZHI TIXI GOUJIAN

赵军莉　张　敏　祁晓敏　主编

出　　版：经济日报出版社

地　　址：北京市西城区白纸坊东街 2 号院 6 号楼 710（邮编 100054）

经　　销：全国新华书店

印　　刷：廊坊市海涛印刷有限公司

开　　本：710mm×1000mm　1/16

印　　张：11.75

字　　数：184 千字

版　　次：2024 年 8 月第 1 版

印　　次：2024 年 8 月第 1 次印刷

定　　价：68.00 元

编委会

主　编　赵军莉　张　敏　祁晓敏

副主编　曲　华　王敏晨　陈　霖

/ 前言 /

财务管理能够集中展现经营机构的经济、业务等情况。对经营机构来说，应保证资金充足，并以最低生产成本获取最高经济效益为目标，尽可能避免在发展过程中出现财务风险，才能实现高质量、可持续发展。内部控制是现代经营机构管理的重要手段。财务管理及内部控制能够将经营机构内部各环节、各部门融合，真正实现资源共享，为经营机构发展提供优质环境，实现长期健康发展。

财务管理与内部控制体系构建之间存在着密切的联系，两者相互影响、相互促进。财务管理是内部控制体系的重要组成部分，财务管理的对象是经营机构的经济活动，而内部控制体系的目标是规范和优化经营机构的经济活动，确保经营机构的财务安全和健康发展。因此，财务管理是实现内部控制体系目标的重要手段。

同时，内部控制体系的完善也有助于提高财务管理水平。通过建立健全内部控制体系，可以加强对财务活动的监督和控制，减少财务风险，提高财务信息的准确性和真实性。而且内部控制体系的建设也有助于完善自身的组织结构和规章制度，规范经济行为，为财务管理的有效实施提供保障。

内部控制可以保障经营机构的资产安全和财务信息的真实可靠，通过对财务活动的监督和控制，防止和纠正各种错误和舞弊行为，从而确保经营机构的资产安全和财务信息的真实可靠，提高其管理效率和经济活动的合规性，帮助经营机构实现可持续发展。

本书以财务管理与内部控制的实践逻辑为主线，介绍了财务管理的目标、原则以及内部控制的原则、作用等理论基础，着重对财务管理中的内部控制应用和内部控制体系的构建做了系统梳理和深入探究，同时针对常见的财务风险和问题，通过实际案例分析，提出了相应的内部控制措施和方法，生动地展示了财务管理和内部控制在实际操作中的应用和实践，以及体系构建所带来的财务管理效率提升，帮助目标单位建立健全财务管理和内部控制体系，提高经济效益和管理水平。本书突出实用性，可供主体经营管理者和财务管理人员参考借鉴。

笔者在写作过程中，借鉴了许多专家和学者的研究成果，在此表示衷心的感谢。本书研究的课题涉及的内容十分宽泛，尽管笔者在写作过程中力求完美，但难免存在疏漏，恳请各位专家批评指正。

编者

2024 年 3 月

/ 目录 /

第一章 认识财务管理

第一节 财务管理的目标

财务管理的目标是指在特定环境下，通过财务管理活动达到期望的结果，这些结果通常涉及经营机构的盈利能力、运营能力、偿债能力、发展能力等各个方面。

一、财务管理目标的概念

财务管理的目标是指在特定的社会环境和经济环境下，经营机构通过组织财务活动和处理财务关系所期望达到的结果。它是经营机构整个财务管理工作的核心，反映了经营机构在一定时期内财务管理工作的方向和要求。财务管理目标的确立需要充分考虑经营机构内部和外部环境因素，包括市场规模、市场竞争、政策法规、技术发展等方面的因素。

二、财务管理目标的分类

(一) 利润最大化

以追求最大利润为目标，有利于提高经营机构的盈利能力。但这种目标没有考虑到资金的时间价值和风险因素，容易导致经营机构为追求短期利润而忽视长期利益。

(二) 股东财富最大化

以股东财富最大化为目标，通过实现股票价格最大化来增加股东财富。这种目标考虑了资金的时间价值和风险因素，具有长期性、稳定性的优点。但这种目标只适用于上市公司，且只关注股东利益而忽视了其他利益相关者的利益。

(三) 发展价值最大化

以经营机构发展价值最大化为目标，通过财务规划和控制实现经营机构价值的持续增长。这种目标关注经营机构的长期发展，考虑了资金的时间价值和风险因素，同时关注经营机构社会责任和品牌形象的塑造。但这种目标的实现需要经营机构具备完善的财务规划和控制系统。

(四) 相关利益者最大化

以相关利益者最大化为目标，关注经营机构所有利益相关者的利益，包括股东、债权人、员工、客户、供应商等。这种目标认为经营机构的成功与所有利益相关者的支持密不可分，经营机构应当关注利益相关者的需求和利益，通过合作实现共赢。但这种目标在实际操作中存在协调利益相关者利益的问题。

三、财务管理目标的确定原则

财务管理目标的确定必须遵循以下原则：

(一) 合法性原则

财务管理目标必须符合国家法律法规和政策规定，不能为了追求短期利益而违反法律及相关规定。

(二) 可操作性原则

财务管理目标必须具有可操作性，能够转化为具体的财务管理计划和行动方案。

(三) 可持续性原则

财务管理目标必须考虑经营机构的长期发展，不能只关注短期利益而忽视经营机构的长期价值。

(四)可衡量性原则

财务管理目标必须可以衡量和量化,以便对实现情况进行监测和评估。

(五)协调性原则

财务管理目标必须协调经营机构内部和外部利益相关者的利益关系,实现共赢和发展。

四、财务管理目标的实现途径

财务管理目标的实现途径主要体现在以下七个方面。

(一)建立健全的财务规划和控制系统

经营机构应该根据财务管理目标制定具体的财务规划和实施方案,包括预算规划、资金管理、投资决策、成本控制等方面的内容。同时应该建立完善的财务控制系统,对财务活动进行实时监控和评估,及时调整和完善财务规划方案。

(二)提高经营机构的盈利能力

提高经营机构的盈利能力是实现财务管理目标的关键。经营机构应该通过加强市场营销、提高产品质量、降低成本费用等方式提高盈利能力。[1]同时应该关注市场动态和技术发展,及时调整经营策略和产品结构,保持经营机构的竞争优势。

(三)加强风险管理

经营机构应该建立健全的财务风险管理体系,对市场风险、信用风险、操作风险等进行全面评估和管理。同时应该制定风险应对措施和应急预案,降低风险对经营机构的影响和损失。

---

[1] 沙桂荣.论财务管理是现代企业管理的核心 [J].纳税,2019(11):91.

(四) 协调利益相关者利益

经营机构应该关注利益相关者的利益和需求，通过合作实现共赢和发展。具体来说，经营机构应该维护好与股东、债权人、员工、客户、供应商等利益相关者的关系，协调好各方利益，促进经营机构的健康发展。

(五) 推进财务管理信息化

经营机构应该建立财务管理信息化系统，运用信息技术提高财务管理效率和质量。通过信息化管理可以实现对财务活动的实时监控和数据分析，为经营机构决策提供更加准确和全面的信息支持。

(六) 培养高素质的财务管理团队

经营机构应该加强财务管理团队的建设和管理，培养一批高素质的财务管理人才。通过人才引进、培训交流等方式提高团队的专业素质和管理水平，为经营机构的财务管理提供人才保障和支持。

(七) 关注社会责任和可持续发展

经营机构应该关注社会责任和可持续发展，积极履行社会责任，推动经济、社会和环境的协调发展。具体来说，经营机构应该关注环境保护、安全生产、公益事业等方面的问题，积极参与社会公益和文化交流活动，提升经营机构的社会形象和市场影响力。

总之，财务管理目标的确定和实现是一个复杂的过程，需要经营机构在实践中不断探索和创新。经营机构应该根据自身实际情况和市场环境选择适合的财务管理目标，并采取有效的措施推进财务管理目标的实现。同时应该关注市场动态和技术发展，不断调整和完善财务管理体系与方法，提高自身的竞争力和可持续发展能力。

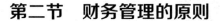

第二节　财务管理的原则

财务管理的原则，是指经营机构进行财务管理所应遵循的指导性理念或标准，是对财务活动共同的、理性的认识，它是联系理论与实务的纽带，是被实践所证明了的并且为多数财务人员所接受的财务管理准则。

一、系统原则

经营机构是一个包含了若干分支机构的整体，构成了一个完整的经济信息系统，经营机构财务管理是经营机构管理系统的一个重要组成部分，属于经营机构管理的子系统，而经营机构财务管理本身又包含了筹资管理、投资管理、营运资金管理和利润分配管理各子系统。在财务管理中坚持系统原则，是财务管理工作的出发点，主要包括以下几个方面。

（一）整体优化系统

财务管理必须从经营机构整体战略出发，不是为财务而财务；各财务管理子系统必须围绕整个经营机构战略目标进行，不能各自为政，实行分权管理，各部门的利益应服从经营机构的整体利益。只有从经营机构整体利益考虑，各部门密切配合，才能应对激烈的市场竞争，实现预期目标。

（二）结构优化系统

在经营机构资源配置方面，应注意结构比例优化，从而保证整体优化，如进行资金结构、资产结构、分配结构（比例）优化等。合理的系统结构，有利于资源合理配置，有利于实现资金快速周转，有利于实现预期目标。

（三）环境适应能力优化

财务管理系统处于外部变化的环境之中，必须保持适当的弹性，以适应环境变化带来的困境，做到"知彼知己，百战不殆"，从而实现预期的目标。

二、平衡原则

在财务管理中，贯彻的是收付实现制，而非权责发生制，客观上要求在财务管理过程中做到现金流入与现金流出在数量上、时间上达到动态平衡，即现金流转平衡。经营机构的现金流入和流出的发生，是因营业收入与营业支出产生的，同时受经营机构筹资与投资活动的影响。获取收入以发生支出为前提，投资以筹资为前提，负债本息的偿还及股利分配要求经营机构经营获利或获得新的资金来源。经营机构就是要在这一系列的复杂业务关系中保持现金的收支平衡，而保持现金收支平衡的基本方法是现金预算控制。[①] 现金预算实际上就是筹资计划、投资计划、分配计划的综合平衡，因此现金预算是进行现金流控制的有效方法。

三、风险与收益均衡原则

在财务管理过程中，要获取收益，就要付出成本，同时要面临风险，因此成本、收益、风险之间总是相互联系、相互制约的。财务人员必须牢固树立成本、收益、风险三位一体的观念，以指导各项具体财务管理活动。具体体现在以下三个方面。

（一）成本、收益权衡

在财务管理中，时时刻刻都需要进行成本与收益的权衡。在筹资管理中，要进行筹资成本与筹资收益的权衡；在长期投资管理中，要进行投资成本与投资收益的权衡；在运营资金管理中，收益难以量化，但应追求成本最低化；在分配管理中，应在追求分配管理成本最小的前提下，妥善处理各种财务关系。

（二）收益、风险权衡

收益与风险的基本关系是一个对等关系，高收益、高风险，低收益、低风险。但应注意的是，高风险并不必然带来高收益，有时甚至是高损失。由此可见，认真权衡收益与风险是很重要但也是很困难的。在筹资管理中，要

---

① 朱丹珺．企业管理中财务管理的重要地位 [J]．纳税，2019(11)：151.

权衡财务杠杆收益与财务风险；在投资管理中，要比较投资收益与投资风险；在分配管理中，要考虑再投资收益与再投资风险。总之，在整个理财中，收益与风险权衡的问题无处不在。一般情况下，风险与收益总是相互矛盾的，为追求较大利益，往往要冒较大风险，如果风险过大，会减弱经营机构未来获利的能力；如果收益过小，也会增加经营机构未来的风险。因此，财务管理的原则是：在风险一定的情况下，使收益达到较高的水平；在收益一定的情况下，将风险维持在较低的水平。

（三）成本、收益、风险三者综合权衡

在理财过程中，不能割裂成本、收益权衡与收益、风险权衡，而应该将成本、收益、风险三者综合权衡，用以指导各项财务决策与计划。权衡即优化，决策的过程即优化的过程。在财务管理中，各种方案的优选、整体（总量）优化、结构优化等，都体现了成本、收益、风险三者的综合权衡。

四、代理原则

现代经营机构的委托代理关系一般包括债权人与股东、股东与经理（管理人员）及经理与雇员等多种关系。经营机构和这些关系人之间的关系，大部分属于委托代理关系。这种既相互依赖又相互冲突的利益关系，需要通过合约来协调。在组成合约集的众多关系中，都会出现代理难题和代理成本。由于委托人与代理人之间在经营机构的经营过程中会有多次利益背离，委托人为了确保代理人的行为符合自己的利益，就有必要进行激励、约束、惩罚和监督，而这些强制措施都会带来代理成本。为了提高经营机构的财务价值，经营机构将采取更加灵活多样的激励机制，如员工持股、利润分成、高层管理人员股票期权以及灵活的福利制度等，来降低经营机构的代理成本，同时要增加员工对经营机构的认同感。另外，对于财务合约中的债务合约、管理合约等的执行情况要进行监督，建立健全完善的约束机制。

只要经营机构的所有权与经营权分离，就必然会出现代理问题，在现实生活中，经理的所作所为并非一定能使股东财富价值最大化。例如，员工的收入往往与单位规模、销售额、市场份额、员工数等有关，所以有些经理偏好于扩大投资规模，尽管这样做可能对股东财富的增加并没有贡献，但

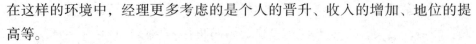

在这样的环境中，经理更多考虑的是个人的晋升、收入的增加、地位的提高等。

那么，为什么股东不将这些经理解雇呢？从理论上讲，股东选举董事会，董事会任命管理人员；但在现实生活中，往往是管理人员提出董事会的人选并分发选票。实际上股东所面对的候选人名单是由管理人员提供的，最终结果是管理人员选了董事，而这些董事更多地代表管理人员的利益而非股东的利益，于是就出现了代理的问题。股东往往花费很多时间来监督管理人员的行为，并试图使他们的利益和自己的利益相一致。对管理人员的监督可以通过对财务报表和管理人员工资的审计来完成。另外，把管理人员的奖金和他们的决策在多大程度上符合股东利益结合起来，也可以在一定程度上解决代理问题。

五、货币时间价值原则

财务管理最基本的观念是货币具有时间价值，但并不是所有的货币都具有时间价值，货币只有被当作资本投入生产流通环节时，才能变得有时间价值。在经济学中，货币时间价值是用机会成本表示的，运用货币时间价值观念，要把项目未来的成本和收益都以现值表示，如果收益现值大于成本现值，则项目应予接受，反之，则应拒绝。把未来收益和成本折现，必须确定货币机会成本的大小或利率高低，具体的利率是权衡风险后确定的。因此，风险投资的收益应当高于无风险投资的收益，如购买股票的风险肯定大于将货币存入银行的风险，因此，股票投资收益率必定高于存款收益率。

六、动态管理原则

财务管理的目标是要经营机构实现既定的战略。因此，投资评估和决策时的重点是预测现金流量，确定投资项目的收益，并评估资产和新的投资项目的价值。

在市场竞争中，极高的利润不可能长期存在，在这种情况下，发现收益率高于平均收益率的项目十分关键。竞争虽然增加了发现的难度，但可以采取以下措施减少市场竞争：

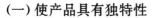

(一) 使产品具有独特性

产品的独特性使其与其他产品相区别，可抬高产品价格从而增加利润。无论产品的独特性源于广告、专利、服务还是质量，只有该产品和同类产品的区别越大，竞争的优势才越大，实现高利润的可能性也越大。

(二) 降低产品成本

降低产品成本一是可以显著提高自身的竞争力。在市场中，经营机构可以通过降低成本来降低产品或服务的价格，从而吸引更多的消费者，扩大市场份额，提高市场竞争力。

二是可以增加利润。当经营机构能够有效地降低成本时，将有更多的资金可用于研发、市场推广和人力资源等方面，从而提高盈利能力。

第三节　财务管理的环境

经营机构在一定的社会经济环境中生存和发展，受所在环境的综合影响，同时，经营机构属于经济社会的个体，是构成经济社会的重要组成部分。而经营机构的财务活动也是经济社会活动中不可缺少的组成部分，没有经营机构的财务活动，经济社会就不会完整，更不会持续发展。经营机构在经济社会中生存和发展，必然会受到各种环境的影响和约束，在这些环境的共同作用下开展生产经营活动，谋求发展；在这些环境的共同作用下，经营机构的财务活动也必然要遵循一定的原则和规律，否则就会导致经营机构财务管理的失败，引发财务困境、经营困境，甚至破产。使经营机构受到影响的环境主要包括经济环境、金融环境、法律环境、技术环境。

一、经济环境

经济环境，是指经营机构生存和发展所面临的外部经济因素，主要包括宏观经济政策、经济周期、通货膨胀、经济体制和市场发育程度等。经济环境是经营机构在组织财务活动、处理财务关系时面临的重要环境，会直接

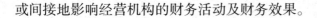
或间接地影响经营机构的财务活动及财务效果。

(一) 宏观经济政策

宏观经济政策，是指国家在一定时期内为了达到调控宏观经济效果而制定的一系列经济方面的政策，主要包括产业政策、财政政策、金融政策、税收政策、市场约束政策等。宏观经济政策是国家在一定时期内进行宏观经济调控的重要手段，是调节宏观经济良性运行的法宝。国家制定的宏观经济政策对经营机构的筹资活动、投资活动、营运活动以及利润分配活动都有重大的影响。例如：积极的财政政策刺激市场，市场需求增加，有利于经营机构的发展；消极的财政政策压制市场行情，市场需求减少，不利于经营机构发展；中央银行规定的货币发行量、执行的行业信贷规模等都会影响经营机构的资本结构、筹资活动和投资活动等；行业价格政策会影响资本的投向、投资回收期和预期收益等。

宏观经济政策代表一定时期国家的经济调控方向和力度，经营机构顺着国家的经济政策发展，会得到政策的扶持和补贴，促进经营机构发展；经营机构逆着国家的经济政策开拓业务，必然受到政策的调节或制裁，不利于经营机构发展。因此，经营机构应当组织财务人员积极研究国家的各项经济政策，把握国家经济政策的走向、对行业的影响，并及时制定应对措施，响应国家的经济政策，争取获得政策扶持。例如，当大多数投资者还没有将注意力转移到国家经济政策上时，如果某个经营机构及时地领会某项经济政策，把握住投资机会，一般容易得到国家政策的扶持或享受优惠条件。国家的宏观经济政策是一种风向标，代表国家在一定时期内的工作重点，对经营机构的影响往往是长期的。

(二) 经济周期

在市场经济条件下，经济的发展会呈现出有规律的变化，是不以人的意志为转移的，不管国家采用什么样的调控手段，都不可能完全避免出现过强或过弱的市场波动，如经济危机。经济周期是一种由繁荣、衰退、萧条、复苏再到繁荣的周期性变化。在经济体系中，国内生产总值、经营机构利润和失业率是衡量经济周期的三个重要标准，这三个指标总体上反映一国或地区所处的经济周期。其中，高国内生产总值、高经营机构利润和低失业率是一国或地区经济繁荣的标志；国内生产总值和经营机构利润的不断下降以及失业率的不断提高，表明一国或地区经济发展由繁荣逐渐走向衰退；持续的衰退必然会造成经济的全面萧条；在经济复苏时期，国内生产总值与经营机构利润逐渐增加，失业率也开始下降并趋于稳定。

经济的周期性波动对经营机构财务管理有着非常重要的影响。在不同的发展时期，经营机构的生产规模、销售业绩、获利能力、资本需求以及投资规模等都会出现明显的差异。例如，在经济萧条阶段，由于整个市场经济不景气，经营机构很可能处于紧缩状态，产量和销量大幅度下降，投资锐减；在经济繁荣阶段，市场需求量增大，销售业绩大幅度上升，经营机构为扩大生产，就要增加投资，增添机器设备、存货和劳动力，这就要求财务人员迅速地筹集所需资金。[①] 总之，面对经济的周期性波动，财务人员必须有预见性地估计经济变化情况，适当调整财务策略。例如：在复苏期和繁荣期，应该增加厂房、建立存货、引入新产品、增加劳动力、实行长期租赁，为负债经营提供条件；在衰退期和萧条期，应该停止扩张、出售多余设备、停产不利产品、停止长期采购、削减存货、裁减多余的员工。同时，为了维护基本的财务信誉，应该采用比较稳健的负债经营策略，避免高负债带来的财务风险。

（三）通货膨胀

通货膨胀，是指一国或地区的货币流通量供大于求，导致市场上物品或劳务的价格持续上涨的现象。自从有了市场经济，通货膨胀就不断地出现在公众的视野中，并始终伴随着现代经济的发展。通货膨胀是一种经济现象，只要在合理的范围内，对经营机构影响不大；如果通货膨胀超过一定的幅度，就会对经营机构产生负面影响，甚至会引发经营机构破产。因为大幅度的通货膨胀会引起资本占用额度的迅速增加，加剧经营机构对资金的需求量，引发利率的大幅度上升、有价证券价格的不断下降，增加经营机构的筹资难度和筹资成本。另外，通货膨胀会引发经营机构虚增利润和资产，造成经营机构高估资产和收益，引发经营机构多缴税，最后导致资本流失。

① 郭晓燕. 财务管理在企业管理中的重要作用分析 [J]. 现代经济信息，2019(27)：209.

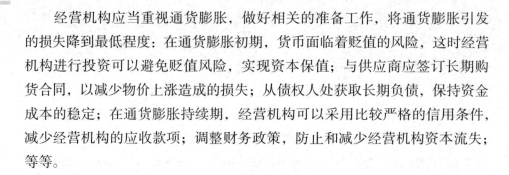

经营机构应当重视通货膨胀，做好相关的准备工作，将通货膨胀引发的损失降到最低程度：在通货膨胀初期，货币面临着贬值的风险，这时经营机构进行投资可以避免贬值风险，实现资本保值；与供应商应签订长期购货合同，以减少物价上涨造成的损失；从债权人处获取长期负债，保持资金成本的稳定；在通货膨胀持续期，经营机构可以采用比较严格的信用条件，减少经营机构的应收款项；调整财务政策，防止和减少经营机构资本流失；等等。

（四）经济体制

经济体制，是指一国或地区所执行的关于经济运行与管理方面的方针政策，包括计划经济体制和市场经济体制。在计划经济体制下，国家统一安排经营机构资本规模、业务范围，统一投资、共享利润、共担亏损，经营机构实现利润统一上缴、经营机构发生亏损全部由国家补贴，经营机构无须单独筹资、投资、规划产品和服务。在计划经济体制下，经营机构财务管理活动的内容、方法等都非常简单。而在市场经济体制下，国家没有统一筹资、投资，由经营机构自己筹资、投资、规划产品和服务等，经营机构自负盈亏。在市场经济体制下，经营机构有独立的经营权、筹资权、投资理财权等，经营机构可以根据自身的实际情况，估算一定时期内资本的需要量，寻求合适的资本来源，筹集所需资本；根据经营机构的发展战略和经营目标，经过分析研究，将资本投放到可行性强的项目上获取收益；根据经营机构的具体情况制定合适的利润分配方案，给予经营机构投资者投资回报。在经营机构的管理中，财务管理活动的内容、方法等都呈现出多样化；财务管理面临的内外环境更加复杂，对财务人员的素质要求更高。因此，在市场经济体制下，经营机构应当与时俱进、审时度势、勇于开拓创新，做好财务管理工作。

（五）市场发育程度

不同地区、不同行业的市场发育程度不同，在发育程度不同的市场上，所面临的竞争、市场门槛、产品和服务质量等也不一样。经营机构应当根据市场发育程度，制定科学、合理、有效的财务管理方案，优化资源。经营机构所处的市场发育程度通常包括完全垄断市场、完全竞争市场、不完全竞争市场和寡头垄断市场四种。不同的市场环境对财务管理有不同的影响，对经营机构的财务决策有重大影响。例如：处于完全垄断市场的经营机构，销售业绩非常好，价格波动不大且高于行业平均水平，利润稳中有升，可以获取垄断利润，其经营风险较小，经营机构可利用较多的债务资本，获得杠杆效应；处于完全竞争市场的经营机构，竞争非常激烈，销售量不稳定，销售价格完全由市场来决定，利润随价格和销量的波动而波动，经营风险较大，经营机构不宜过多地采用负债方式去筹集资本，以避免陷入债务困境；处于不完全竞争市场和寡头垄断市场的经营机构，关键是要让经营机构的产品和服务具有优势、具有特色、具有品牌效应，这就要求在研究与开发上投入大量资本，不断研制出新的优质产品，并搞好售后服务，给予优惠的信用条件。

二、金融环境

金融环境就是金融市场环境。经营机构从事生产经营活动，需要开展筹资、投资、营运和利润分配活动，都涉及金融市场。金融市场不仅为经营机构筹资、投资等活动提供场所，还促进资本的合理流动和资源优化配置，是经营机构财务管理的直接环境。

(一) 金融市场概述

金融市场，是指实现货币借贷与资本融通，办理各种票据和有价证券交易活动的总称，其包括广义的金融市场和狭义的金融市场。其中，广义的金融市场泛指一切金融交易，包括金融机构与客户之间、金融机构与金融机构之间、客户与客户之间所有的以资本为交易对象的金融活动；狭义的金融市场是指以票据和有价证券为交易对象的金融活动。本书所讲的金融市场是狭义的金融市场。金融市场的构成要素主要包括以下四个：

1. 参与者

参与者，是指参与金融交易活动的所有单位和个人，凡是参与金融交易活动的单位和个人都属于参与者。金融市场最初的参与者主要是资本不足或资本盈余的单位、个人以及金融中介机构。随着金融市场的不断发展，现代金融市场的参与者已经扩大到几乎社会经济生活的各个方面，包括经营机构、个人、政府机构、中央银行、商业银行等。按照进入金融市场时的身份不同，可以将金融市场的参与者划分为资本提供者、资本需求者、金融中介机构和管理者。

随着市场经济的不断发展，金融市场越来越发达，提供了越来越多的金融交易或金融服务。根据市场发展的规律，推动金融交易活动的力量来源于两个方面。

一是参与者对利润的追求。资本提供者提供资本是为了获取稳定的利息或股利；资本需求者筹措资本，是为了获取超过筹资成本的利润；中介机构提供服务，是为了获取手续费或赚取差价收入。参与者对利润的追求推动着资本的流通。

二是参与者之间的相互竞争。资本需求者与资本提供者的竞争，使资本需求者试图以最小的资金成本取得资本，而资本需求者之间的竞争又使资金成本不会太低；资本提供者与资本需求者的竞争，使资本提供者试图以最高的收益转让资本，而资本提供者之间的竞争又使这种收益不会过高。这种参与者之间的互相竞争引导着资本的流向和流量，从而使资本从效益低的部门流向效益高的部门，从而实现资本的优化配置。

2. 金融工具

金融工具，是指金融市场的交易对象。资本提供者与资本需求者对借贷资本数量、期限和利率的多样化要求，决定了金融市场上金融工具的多样化，而多样化的金融工具不仅满足了资本提供者与资本需求者的不同需要，而且由此形成了金融市场的细分市场。

3. 组织形式和管理方式

金融市场的组织形式主要有交易所交易和柜台交易两种，交易方式主要有现货交易、期货交易、期权交易、信用交易。金融市场的管理方式主要包括管理机构的日常管理、中央银行的间接管理以及国家的法律管理。

4. 内在调节机制

金融市场交易活动的正常进行还必须有健全的内在调节机制。内在调节机制，是指能够根据市场资本供应情况灵活调节利率高低的体系。在金融市场上，利率是资本商品的"价格"，利率的高低取决于社会平均利润率和资本供求关系，但是，利率又会对资本供求和资本流向起着重要的调节和引

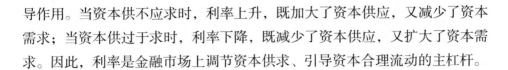

导作用。当资本供不应求时，利率上升，既加大了资本供应，又减少了资本需求；当资本供过于求时，利率下降，既减少了资本供应，又扩大了资本需求。因此，利率是金融市场上调节资本供求、引导资本合理流动的主杠杆。

（二）金融市场的种类

金融市场是由许多功能不同的具体市场构成的。对金融市场可以按不同的标准进行分类。

1. 按期限分类

金融市场按期限分为短期资本市场和长期资本市场。短期资本市场又称货币市场，是指融资期限在一年以内的资本市场，包括同业拆借市场、票据市场、大额定期存单市场和短期债券市场等。长期资本市场又称为资本市场，是指融资期限在一年以上的资本市场，包括股票市场和债券市场。

2. 按功能分类

金融市场按功能分为发行市场和流通市场。发行市场又称为一级市场，它主要处理信用工具的发行与最初购买者之间的交易。流通市场又称为二级市场，它主要处理现有信用工具所有权转移和变现的交易。

3. 按融资对象分类

金融市场按融资对象分为资本市场、外汇市场和黄金市场。资本市场以货币和资本为交易对象。外汇市场以各种外汇信用工具为交易对象。黄金市场则是集中进行黄金买卖和金币兑换的交易市场。

4. 按地域范围分类

金融市场按地域范围分为地方性金融市场、全国性金融市场和国际性金融市场。

（三）短期资本市场

短期资本市场是指融资期限在一年以内的资本市场，其主要功能是调节短期资本融通。短期资本市场主要有同业拆借市场、票据市场、大额定期存单市场和短期债券市场等。

1. 同业拆借市场

同业拆借市场，是指银行等金融机构进行同业之间短期性资本的借贷

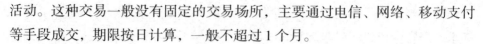

活动。这种交易一般没有固定的交易场所，主要通过电信、网络、移动支付等手段成交，期限按日计算，一般不超过 1 个月。

2. 票据市场

票据市场包括票据承兑市场和票据贴现市场。票据承兑市场是票据流通转让的基础；票据贴现市场是对未到期票据进行贴现，为客户提供短期资本融通。贴现市场包括贴现、再贴现和转贴现三种。其中，贴现，是指客户持未到期票据向商业银行或其他金融机构兑取现款以获得资金的融资行为；再贴现，是指商业银行将其贴现收进来的未到期票据向中央银行再办理贴现的融资行为；转贴现，是指商业银行将贴现收进来的未到期票据向其他商业银行或贴现机构进行贴现的融资行为。贴现、再贴现、转贴现，实质上是债权的转移或资本的买卖，并非形式上的票据转移。

3. 大额定期存单市场

大额定期存单市场，是指买卖银行发行的一种可转让大额定期存单的交易市场。大额定期存单的买卖活动，集中了银行活期存款和定期存款的优点。对银行而言，它是定期存款；对投资者而言，它既有较高的利息收入，又能及时变现，方式灵活，且时间不固定，是一种很好的短期投资活动。

4. 短期债券市场

短期债券市场，是指证券买卖双方主要买卖一年期以内的短期经营机构债券和政府债券的交易市场。短期债券的转让可以通过贴现或买卖的方式进行。短期债券以其信誉好、期限短、利率优惠等优点，成为短期资本市场中的重要金融工具之一。

（四）长期资本市场

由于在长期金融活动中，涉及资金期限长、风险大，其融通的资金主要作为扩大再生产的资本使用，类似于资本投入，因此称为长期资本市场。

1. 长期资本市场上的交易活动

长期资本市场上的交易活动由发行市场和流通市场构成。其中，发行市场，又称为一级市场，其活动围绕着有价证券的发行而展开。参与者主要是发行人和认购人，中介人作为受托人参与活动。有价证券的发行是一项复杂的金融活动，一般要经过以下三个重要环节：

第一，证券种类的选择。对发行人而言，要从适用范围、融资性质、筹资成本、提供的权利等方面选择发行证券的种类；对认购人而言，要从安全性、流动性和营利性等方面选择认购证券的种类。

第二，偿还期限的确定。对债券来说，发行人要依据资本投向、未来利率、发行的难易程度，确定债券的偿还期。

第三，发售方式的选择。发行人要做两种选择：一是选择认购人，以决定是私募还是公募；二是选择销售人，以决定是自销还是代销。

2.长期资本市场上的交易组织形式

长期资本市场上的交易组织形式主要有证券交易所和柜台交易两种。

第一，证券交易所，是指专门的、有组织的证券集中交易的场所。证券交易所本身不买卖证券，只是为买卖双方提供交易场所和各种服务。

第二，柜台交易，是指通过证券商所设立的专门柜台进行证券买卖，所以又称店头市场。投资者可以直接通过柜台进行买卖，也可以委托经纪人代理买卖。在这里交易的证券主要是不具备上市条件或不愿意上市的证券。柜台交易在各证券公司分散进行，是一种松散的市场交易组织形式。我国目前的证券交易以交易所交易为主，柜台交易很少。

3.长期资本市场上的交易方式

长期资本市场上的交易方式包括现货交易、期货交易、期权交易和信用交易四种。

第一，现货交易，是指证券买卖双方成交约定2~3天内实现钱货两清的交易方式，即卖者交出证券，收回现款；买者交付现款，收到证券。

第二，期货交易，是指证券买卖双方成交以后，按契约中规定的价格、数量，经过一定时期后才进行交割的交易方式。其显著特点是：成交和交割不同步；交割时可以按清算方式相互轧抵，只需交割差额；交易中既有投资者又有投机者。

第三，期权交易，是指证券买卖双方按约定的价格在约定的时间，就是否买进或卖出证券而达成的契约交易。在这个过程中，交易双方买卖的只是一种权利。

第四，信用交易，是指证券投资者购买有价证券时只付一部分价款，其余的由经纪人垫付，经纪人从中收取利息。

(五) 金融市场对财务管理的影响

金融市场是商品经济和信用形式多样化发展到一定程度的必然产物。它在财务管理中具有重要的作用。

1. 为经营机构筹资、投资提供场所

金融市场可以为资本所有者提供多种投资渠道和投资方式;可以为资本需求者提供多种筹资渠道和筹资方式。在实务中,资本所有者在投资时,一般关注投资的安全性、流动性和获利性;而资本需求者在筹资时,一般关注资金成本的高低、资金在数量和时间上的安排。因此,为了满足资本所有者和资本需求者的共同需求,金融市场为双方提供了一个理想的实用的交易场所,在金融市场上有多种融资形式和金融工具均可供双方选择。资本所有者和资本需求者都能通过金融市场的多样化融资形式和融资工具实现各自的预期目标。

2. 经营机构资本灵活多样化

金融市场上多样化的金融交易活动频繁交错,形成了一张巨大的交易网。通过融资活动可以实现不同类型资本之间的相互转换,如长期资本与短期资本的相互转换、不同区域的资本之间相互转换、大额资本与小额资本之间相互转换。在实务中,股票、债券的发行能够将储蓄资本转换为生产资本、将短期资本转换为长期资本、将不同地区的资本转换为某一地区的资本等,多种方式的相互转换能够调节资本供求,促进资本流通。

3. 引导资本流向和流量,提高资本效率

金融市场通过利率的上下波动和人们投资收益的变化,能够引导资本从利润率低的部门流向利润率高的部门,从而实现资本在各地区、各部门、各单位的合理流动,实现社会资源的优化配置。

4. 为经营机构树立财务形象

金融市场是经营机构树立财务形象的最好场所。经营机构有良好的经营业绩和财务状况,股票价格就会稳定增长,这是对经营机构财务形象最客观的评价。

5. 为财务管理提供有用的信息

经营机构进行筹资、投资决策时,可以利用金融市场提供的有关信息。

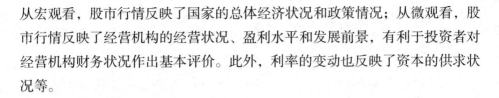

从宏观看，股市行情反映了国家的总体经济状况和政策情况；从微观看，股市行情反映了经营机构的经营状况、盈利水平和发展前景，有利于投资者对经营机构财务状况作出基本评价。此外，利率的变动也反映了资本的供求状况等。

三、法律环境

法律环境，是指法律意识形态及与之相适应的法律规范、法律制度、法律组织机构、法律设施所形成的有机整体。市场经济是以法律规范和市场规则为特征的经济制度。法律为经营机构的经营活动规定了活动空间，也为经营机构在相应空间内自主经营管理提供了法律上的保护。

(一) 经营机构组织法规

经营机构是市场经济的主体，不同组织形式的经营机构所适用的法律是不同的。这里仅以个人独资经营机构、合伙经营机构为例分析。

1. 个人独资经营机构

个人独资经营机构，是指由业主个人出资经营、归个人所有和控制、由个人承担经营风险和享有全部经营收益的经营机构。个人独资经营机构的出资人既是所有者，也是经营管理者。个人独资经营机构具有设立和解散容易、经营方式灵活多样、收益归业主、不具有法律地位、对经营机构的债务承担无限责任的特点。个人独资经营机构财务管理的内容十分简单，其资本的投放和回收都由业主自行决定，方便灵活。

(1) 个人独资经营机构的优点

第一，经营机构的资产所有权、控制权、经营权、收益权高度统一。这既有利于保守经营和发展的秘密，又利于业主个人创业精神的发扬。

第二，经营机构业主自负盈亏和对经营机构的债务负无限责任。经营机构经营的好坏同业主个人的经济利益紧密相连，因而，业主会尽心竭力地把经营机构经营好。

第三，经营机构的外部法律法规等对经营机构的经营管理、决策、进入与退出、设立与破产的制约相对较小。

（2）个人独资经营机构的缺点

第一，筹集资金困难。因为一个人的资金终归有限，以个人名义借贷款难度也较大。因此，独资经营机构限制了经营机构的扩展和大规模经营。

第二，投资者风险较大。业主对经营机构负无限责任，在强化了经营机构预算约束的同时，也带来了业主承担风险较大的问题，从而限制了业主向风险较大的部门或领域进行投资。

第三，经营机构可持续性差。经营机构所有权和经营权高度统一的产权结构，虽然使经营机构拥有充分的自主权，但这也意味着经营机构是自然人的经营机构，业主个人及家属知识和能力的缺乏，身体和家庭的变故都可能导致经营机构破产。

2. 合伙经营机构

合伙经营机构，是指由两个或两个以上的投资人共同出资、共同经营、共负盈亏的经营机构。合伙经营机构通过合伙协议来明确合伙经营机构的具体事项，包括合伙经营机构的存续时间、合伙经营机构的管理、利益的分配、责任的分担等。合伙协议是合伙经营机构最具有约束力的文件。合伙经营机构的合伙人对合伙经营机构的债务承担无限连带责任。合伙经营机构具有以下几个方面的特点：

一是合伙经营机构期限短。合伙经营机构比较容易设立和解散。合伙人签订了合伙协议，就宣告了合伙经营机构成立；新合伙人申请加入，旧合伙人的退伙、死亡、自愿清算、破产清算等均可造成原合伙经营机构的解散及新合伙经营机构的成立。因此，合伙经营机构存续的时间一般比较短。

二是无限连带责任。合伙经营机构作为一个整体对债权人承担无限责任。普通合伙人对合伙经营机构的债务承担无限连带责任。例如，甲、乙、丙三人成立的合伙经营机构破产时，当甲、乙已无个人资产抵偿经营机构所欠债务时，虽然丙已依约还清应分摊的债务，但仍有义务用其个人财产为甲、乙两人付清所欠的应分摊的合伙债务，当然此时丙对甲、乙拥有财产追索权。

三是相互委托、相互代理。合伙经营机构的生产经营活动，由合伙人共同决定，合伙人有执行和监督的权利。合伙人可以推举负责人，合伙经营机构的负责人和其他人员的经营活动，由全体合伙人共同承担民事责任。

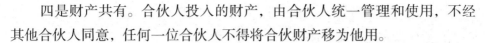

四是财产共有。合伙人投入的财产，由合伙人统一管理和使用，不经其他合伙人同意，任何一位合伙人不得将合伙财产移为他用。

五是利益共享。合伙经营机构在生产经营活动中形成的资产，归合伙人共有。如有亏损，则也由合伙人共同承担。合伙经营机构损益分配的比例，应在合伙协议中明确规定；未经规定的，可按合伙人出资比例分摊，或平均分摊。

（二）税收法规

税法是税收法律制度的总称，是调整税收征纳关系的法律规范。税收既有调节社会总供给与总需求、经济结构，维护国家主权和利益等宏观经济作用，又有保护经营机构经济实体地位、促进公平竞争、改善经营管理和提高经济效益等微观作用。税收对经营机构的经营活动具有重要的影响，对财务管理的影响尤其明显。税收对财务管理的影响具体表现为以下几点。

1. 影响经营机构融资决策

按照我国现行所得税制度，经营机构借款利息不高于金融机构同类同期贷款利息的部分，可在所得税前予以扣除，从而减少了经营机构的应纳税所得额。其他融资方式则无此优势，如发行股票筹集的资本，股利支出不得抵扣所得税。

2. 影响经营机构投资决策

经营机构的投资活动，包括对外投资、对内投资和经营机构设立分部、子部门的投资。经营机构投资成立的经营机构形式不同、规模不同、投资行业不同、投资区域不同等，都会面临着不同的税收政策。

第一，对经营机构设立的地点和行业的影响。在我国现行的经营机构所得税制度中，均规定了对投资于特定地区（如经济特区、技术经济开发区、偏远地区等）和特定行业（如高新技术产业、第三产业、"三废"综合治理经营机构等）以及劳动就业服务、福利生产经营机构等的优惠政策，在经营机构设立之初可以考虑依照国家政策导向，获得税收优惠。

第二，对经营机构兼营业务的影响。按照我国现行增值税制度的规定，增值税纳税人兼营不同税率的货物或应税劳务，应分别核算，未分别核算的，从高适用税率。因此，经营机构必须建立健全财务管理制度，分别核算

不同增值税率的货物和不同税种的销售额。

3. 影响经营机构现金流量

税收有强制性、无偿性和固定性三个特征，经营机构向税务机关纳税是其应尽的义务，并且要按税法的有关规定及时上缴。缴纳税费必然增加经营机构的现金流出量，这要求经营机构在进行财务管理时要做好税收筹划，合理地筹集所需要的资金，保证资金供给充足，通过合理地筹划税收，调整纳税时间，延缓纳税，可以减少现金流量过度集中流出，降低经营机构的财务负担。

4. 影响经营机构利润

税收体现着国家与经营机构对利润的分配关系。税率的变动与利润的变动成反比关系，在一定时期内经营机构承担的税负增加，则利润必然减少。税率的变更对利润有直接影响，税率的上升或下降会使经营机构利润减少或增加。因此，财务人员应当加强税收法规研究，充分掌握经营机构面临的各项税费，对税率变动带来的影响做好预测和准备。

5. 影响经营机构利润分配

经营机构的股利分配政策不仅影响股东的个人所得，而且影响现金流水。股东获得的现金股利需缴纳个人所得税，如果经营机构将盈利作为内部留存收益，股东可以不缴纳个人所得税，减轻了股东的税负，股利留存在经营机构，通过后续股价上涨股东可获得资本利得，从而实现合理避税的目标。

（三）财务法规

经营机构财务法规制度是规范经营机构财务活动，调整经营机构财务关系的行为准则。经营机构财务法规有利于规范经营机构的生产经营活动。我国现行的经营机构财务管理法规制度，包括以下三个层次。

1. 经营机构财务通则

财务通则是指在我国境内设立的各类经营机构在财务活动中必须遵循的基本原则和规范，是财务规范体系中的基本法规。在财务法规制度体系中起着主导作用。财务通则的制定与实施是我国市场经济发展的需要，也是我国财务制度与国际通行财务制度衔接的需要。

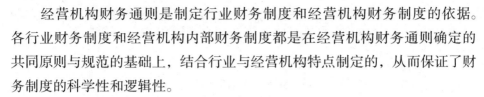

经营机构财务通则是制定行业财务制度和经营机构财务制度的依据。各行业财务制度和经营机构内部财务制度都是在经营机构财务通则确定的共同原则与规范的基础上，结合行业与经营机构特点制定的，从而保证了财务制度的科学性和逻辑性。

2. 行业财务制度

行业财务制度是指根据财务通则的规定和要求，结合行业的实际情况，充分体现行业的特点和管理要求而制定的财务制度。行业财务制度是财务通则的原则规定与各行业财务活动的特点相结合的产物，它在整个财务法规制度体系中起基础作用。

行业财务制度是以行业的划分为标准的。根据我国实际情况，国民经济行业可划分为工业、运输、邮电、流通、服务、金融、建筑、农业、对外经济合作九个行业，行业财务制度也分别按这九个行业制定。由于财务通则的制定权在财政部，行业财务制度也应由财政部制定，以便于保持财务通则与行业财务制度的一致性。

3. 经营机构内部财务制度

经营机构内部财务制度是由经营机构管理者制定的用来规范经营机构内部财务行为、处理经营机构内部财务关系的具体规则，它在财务法规制度体系中起着补充作用。

经营机构内部财务制度的制定要符合以下原则：一是符合经营机构财务通则和行业财务制度的原则和规定；二是体现本经营机构的生产技术和经营管理的特点；三是考虑经营机构内部财务管理体制的方式和内容。

四、技术环境

技术环境是指财务管理得以实现的技术手段和技术条件，它决定着财务管理的效率和效果。目前，我国进行财务管理所依据的会计信息是通过会计系统提供的。在经营机构内部，会计信息主要是供管理层决策使用，而在经营机构外部，会计信息则主要是为经营机构的投资者、债权人等提供服务。

目前，我国正全面推进会计信息化工作，建立健全会计信息化法规体系和会计信息化标准体系，全力打造会计信息化人才队伍，基本实现单位会计信息化与经营管理信息化的融合，进一步提升单位的管理水平和风险防范能力，做到数出一门、资源共享，便于不同信息使用者获取、分析和利用信息，进行投资和相关决策；基本实现大型会计师事务所采用信息化手段对客户的财务报告和内部控制进行审计的目标，进一步提升审计质量和效率；基本实现政府会计管理和会计监督的信息化，进一步提升会计管理水平和监管效能。通过全面推进会计信息化工作，使我国的会计信息化达到或接近世界先进水平。我国经营机构会计信息化的全面推进，必将促使经营机构财务管理的技术环境进一步完善和优化。

随着互联网＋财务的模式和人工智能的深入发展，财务管理应用的计算平台不断更新，财务管理的手段和效果得到前所未有的提高，将财务管理人员从烦琐的数据中解放出来，使他们将精力更多投放到内部管理及经营机构财务战略上。

第四节　财务管理信息化

一、财务管理信息化的内涵

财务管理信息化是指利用先进的信息技术和现代化的管理手段，以会计信息系统为基础，全面实现会计电算化，并推行网络财务，提供互联网环境下实现财务核算、分析、控制、决策和监督等现代化财务管理模式、方式及各项功能，从而进一步实现管理数字化，并最终实现管理信息化。

随着经济全球化及信息技术的发展，财务管理信息化模式成为经营机构强化财务管理水平、提升经营机构竞争力的重要手段。因此，实施经营机构财务管理信息化，拓展了财务管理空间、加快了财务管理时效、提升了财务管理效能、增强了资源使用的有效性，这就使得经营机构加快财务管理信息化建设迫在眉睫。财务管理信息化是在特定的环境下产生的一种全新的财务管理方式，它具有实现物流、资金流、信息流同步化，财务管理集成化，财务组织弹性化及财务资源供应链化等特点，其在经营机构财务管理的各个环节，充分利用现代信息技术，建立信息系统，使经营机构财务信息得到集成和综合，从而提高财务管理水平和经济效益。

二、财务管理信息化的阶段

从历史发展的角度看，我国财务管理信息化经历了三个发展阶段。

第一阶段是使用单机会计电算化软件。它是通过编写单机程序来实现会计记账、核算、制作会计报表和财务分析的计算机程序化管理，从而提高了财务工作效率。

第二阶段是在经营机构内部建立局域网，使用统一的网络财务软件。它实现了经营机构的财务管理信息系统、生产信息系统、销售信息系统等各个系统的集成。

第三阶段是经营机构内外流程一体化应用层次。这一阶段通过计算机局域网来实现财务系统与销售、供应、生产等系统的信息集成和数据共享，通过广域网和数据仓库技术的使用，使经营机构内部之间以及与相关价值链主体之间能及时传递、整理、分析、反馈财务和管理信息，为经营机构决策者和相关利益方提供决策支持服务。这三个阶段是一个渐进的过程，只有第三个阶段才是真正的经营机构财务管理信息化。

三、财务管理信息化的特征

财务管理信息化是在特定的环境下产生的一种全新的财务管理方式，其特点具体体现在以下六个方面。

(一) 物流、资金流、信息流同步产生

信息化财务管理在信息技术的支持下，采取经济业务事件驱动会计模式，由生产经营活动直接产生财务数据，保证生产经营活动与财务数据相一致，财务部门从系统中及时取得资金信息，通过资金流动状况反映物料流动和经营机构生产经营情况，并实时分析经营机构的成本和利润，提供决策所需要的信息，从而实现物流、资金流、信息流同步产生。

(二) 财务组织弹性化

财务管理组织不再是以前传统的垂直式组织结构，而是根据实际管理的需求，将管理中心下移，减少环节，降低成本，建立扁平化、网络化的财

务组织，加强组织横向联系，使经营机构不仅上下流通无阻，横向交流也顺畅，从而达到及时反馈财务信息的目的，而且还有利于经营机构财务预测、财务决策、财务分析及财务控制。

(三) 财务管理集成化

财务管理集成化是指在经营机构内部网络和信息系统的基础上，从科学、及时决策和最优控制的高度把信息作为战略资源加以开发和利用，并根据战略的需要把诸多现代科学管理方法和手段有机地集成，实现经营机构内财务人员、资金、财务信息等的综合优化管理。

(四) 财务管理人本化

信息社会中经营机构内部和外部信息网的建立，大大降低了经营机构获取有形资源的信息成本，使资金和其他生产资料相对丰裕。与此同时，信息人才成为十分"稀缺"的资源。相应地，其管理的重点也由物的管理转向人的管理，其本质是对信息人才的管理，特别是注重人力资源的开发，真正做到人尽其才。财务管理中采用"人本化"理念，更加具有"人情味"。

(五) 财务资源扩大

在信息时代，经营机构为了适应激烈的竞争，纷纷组成供应链，并以供应链的形式来参与竞争。这些供应链经营机构相互之间关系密切，因此在进行财务管理时，应该考虑到这个因素，财务管理的资源不能仅限于本经营机构，而应该站在供应链的角度进行财务决策。

(六) 单一目标向多目标发展

在信息时代，经营机构的资本结构发生了很大变化，物质资本的地位下降，而知识资本的地位上升，这使得财务管理的目标也需要重新定位，既要考虑股东财富，又要关注股东以外的相关利益主体，使财务管理由单一目标向多目标发展。

四、财务管理信息化系统的组成

一般来说，财务管理信息化系统包括会计事务处理信息系统、财务管理信息系统、财务决策支持系统、财务经理信息系统及组织互联信息系统五个部分。这些系统的成功建立及相互之间的集成管理是财务管理信息化成功的体现，它们之间密不可分。

(一) 会计事务处理信息系统

会计事务处理信息系统是为满足经营机构财务部门会计核算工作需要而建立起来的系统，主要解决财务人员的手工记账和报表问题，将会计人员从繁重的日常工作中解放出来。会计事务处理信息系统以账务处理、报表管理和日常会计事务处理为主，通常按功能可以分为会计核算信息子系统和会计管理信息子系统。

(二) 财务管理信息系统

财务管理信息系统是以计算机技术和信息处理技术为手段，以财务管理提供的模型为基本方法，以会计信息系统和其他业务系统提供的数据为主要依据，对经营机构财务管理的程序化问题进行自动或半自动的实时处理，从而实现对有关业务活动的控制功能。[①] 例如，对产品订购的管理，系统可以提示经营机构的经济订购批量是多少，显示出哪些产品库存已降至最低储备量需要及时订购补充。

(三) 财务决策支持系统

财务决策支持系统是一种非常灵活的交互式信息系统，它可以用来解决事前难以准确预测或者是随机变化的问题。一般说来，财务决策支持系统通过其良好的交互性，使财务人员能够进行一系列"what-if"(假设)分析，再运用不同的模型，列举可能方法，协助分析问题、估计随机事件的各种可能结果、预测未来状况等方式，为经营机构决策者制定科学的经营决策提供帮助，同时对经营机构财务风险起到事先防范的作用。

---

① 王灿灿. 财务管理在企业管理中的地位探析 [J]. 大众投资指南，2019(3)：160.

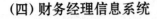

(四) 财务经理信息系统

财务经理信息系统是一种将会计事务处理系统、财务管理信息系统、财务决策支持系统相结合的高度交互式信息系统。它能帮助财务经理充分利用经营机构数据仓库，进行数据挖掘，发现数据特征，预测经营机构内外环境的变化趋势，使经营机构的财务主管能够灵活、方便地从更多视角了解问题、发现机遇。

(五) 组织互联系统

组织互联系统可以使经营机构的财务部门与其他部门、本经营机构与其他关联经营机构之间的财务信息自动流动，用以支持经营机构财务管理的计划、组织、控制、分析、预测、决策等各个环节，以支持经营机构的生产与经营。

五、财务管理信息化建设的要求

(一) 更新管理观念

财务管理信息化体现着现代经营机构的管理思想，它不是一个单一的IT系统，而是一个极其复杂的多系统组合，其不但涉及个性作业流程，而且要求改变领导方式、内部政策、组织结构、考核程序和标准，其作用不仅局限于减轻财务人员的工作量，提高工作效率，更在于它带来了管理观念的更新和变革。它是以完全不同于传统的思维方式 (如并行的工作流程、以任务为中心的组织结构、扁平控制模式等)，对传统财务模式的工作环节、工作单位、工作步骤加以判断，并对逻辑关系、时间耗费、可否并行等进行分析研究，大胆创意构思出能够最佳地完成统一工作任务或目标的一系列工作单位和环节，以求在质量、速度、成本、服务等各项绩效考核的关键指标上得到改善。

(二) 采用集中式管理模式

财务管理信息化的基本思想就是协同集中管理。在这种财务管理模式下，核心经营机构设置一个中心数据库，在经营机构内部，各个职能部门的子系统与中心数据库相连。当采购系统、生产系统和销售系统有物资流发生时，中心数据库通过内联网自动收集并传递给会计信息系统，会计信息系统进行动态核算，然后把处理过的会计信息传回中心数据库，决策系统和监控系统随时调用中心数据库的信息进行决策分析和预算控制。这样，将整个经营机构的经营活动全部纳入信息化管理之中，各部门之间协作监督，解决了信息"孤岛"问题。在经营机构外部，通过外联网或互联网，核心经营机构与上下游的经营机构组织建立起密切联系，及时了解资本市场、采购市场、销售市场的动态，做出及时的反应。这种协同集中的财务管理模式使管理者能对动态信息进行及时准确的分析，提高了决策的有效性；同时，还能实时监控经营机构的生产经营情况和外部环境的变化，以应对网络环境下多变的市场环境。

（三）建立完善的安全保障体系

安全性对于经营机构财务管理信息系统是一个很重要的问题。首先，财务管理信息系统所依托的互联网体系使用的是开放式的 TCP／IP 协议（传输控制协议／互联协议），容易被拦截侦听、身份假冒、窃取和黑客攻击等，这是引起安全问题的技术难点。其次，财务管理信息系统对于经营机构内部使用者来说，如果使用权限划分不当、内部控制不严，容易造成信息滥用和信息流失。最后，实施财务管理信息化后，经营机构的生产经营活动几乎完全依赖于网络系统，如果对网络的管理和维护水平不高或疏于监控，导致系统瘫痪将严重影响经营机构的整体运作。因此，财务管理信息系统所面临的外部和内部侵害，要求我们必须构建完善的安全保障体系。一是建立科学严格的财务管理信息系统内部控制制度，从软件开发到硬件管理、从组织机构设置到人员管理、从系统操作到文档资料管理、从系统环境控制到计算机病毒的预防与消除等各个方面都应建立一整套行之有效的措施，在制度上保证财务管理信息系统的安全运行。二是采用防火墙、VPN、入侵检测、网络防病毒、身份认证等网络安全技术，在技术层面上对财务管理信息系统的各个层次采取周密的安全防范措施。

信息技术在财务管理中的应用，能够解决传统财务管理模式中许多无法逾越的困难，但与此同时，也带来了许多新的问题，如财务数据安全风险、道德风险等。因此，财务人员应该一方面研究解决信息技术如何与传统财务管理相融合，另一方面，要不断研究、发现并解决信息化后出现的新问题。总之我们应该在传统的系统理论基础上，充分利用信息技术，开展财务管理的创新工作，建立与时代相适应的财务管理模式，满足经营机构管理的需要，为经营机构带来更大的价值。

六、财务管理信息化建设的对策

(一) 通过信息集成为决策服务

要完善经营机构的财务管理信息化建设，必须实现信息的集成，用统一的信息管理软件、统一的信息编码标准，加强与软件开发商的联系；用国际先进的 ERP 系统软件，建立统一的计算机平台；采用统一的信息管理软件，提高信息的利用率和集成程度，建设高效的财务信息系统，实现财务系统与销售、供应、生产等系统的数据共享、管理统一；实现生产经营全过程的信息流、物流、资金流的集成和数据共享，并建立部门间信息流通制度，保证信息流能在经营机构各部门间顺利流通；实现信息集成、过程集成、功能集成和数据共享，有效利用财务信息中的相关创新技术，保障经营机构财务管理工作规范化、高效化，真正为经营机构的经营决策服务。

(二) 培养财务管理信息化需求的复合人才

培养财务管理信息化需求的复合人才应从以下三个方面着手。

第一，必须加强人才的培训。经营机构财务管理信息化的人员要积极参与国内相关组织的软件培训，这种大规模的培训不仅成本低，而且能与很多经营机构的同行沟通和交流，针对性也很强，能在短期内获得较好的效果。

第二，通过产学研的模式来培养人才。当前财务管理信息化人才不足的现状，是经营机构需求与人才供应的脱钩导致的，因此应通过产学研的模式，定点在高校和科研机构建立合作关系，专门培养财务管理信息人才，这不仅能为经营机构解决人才忧患，而且也能使毕业生一毕业就能找到合适岗

位并很快适应新的工作。

第三，建立人员培训制度。经营机构必须在财务管理信息化系统建设初期开始建立人员培训制度，并在系统建设的全过程中贯彻落实，以提高财会人员及其他员工的相关业务素质。

（三）持续优化财务管理信息化建设

持续优化财务管理信息化建设具体体现在以下两方面。

第一，必须循序渐进，持续优化。经营机构要上下一心，在整体目标指导下，充分认识财务管理信息化系统建设的长期性、持续性，按照先易后难的原则，有针对性地不断完善财务管理信息系统的功能，建立财务管理信息化系统与其他信息系统的接口，实现数据共享，达到持续优化、提升经营机构管理水平，最终全面实现财务经营管理的目标。

第二，规范国有经营机构自身的财务会计预核算体系。针对当前财务会计预核算体系存在的一些问题，经营机构应严格按照相关法律法规进行会计处理，使输入财务管理信息系统的数据可靠有效。国家有关部门要制定全国统一、行业统一，并与国际标准接轨的产品编码体系，以保证信息数据在各行业、各部门之间交换时被正确识别，并加强经营机构资金预算管理制度的建设，减少资金管理中的漏洞，促进经营机构财务会计预核算体系建设。

第二章　智能化背景下的财务管理

第一节　财务管理智能化的基础逻辑

一、财务组织与认知的新逻辑

智能时代改变了财务组织、财务人员的认知以及财务信息技术，更重要的是改变了财务逻辑，来自逻辑层次的改变才是最终的改变。当我们面对智能时代，苦苦寻觅该做些什么的时候，不妨一起来思考智能时代的新逻辑。

(一) 管控：局部与全面

现代财务管控受到组织壁垒的严重制约，从集团到业务板块，到专业公司，再到机构，每一个层次之间都存在着无形的数据壁垒。在当今，当无法将人力直接渗透至最末端的时候，数据是我们实施集团管控的关键，而数据壁垒的存在，让管控的力量层层衰减。智能时代的数据将实现高度的集中和透明，数据无边界将成为可能。当数据壁垒被打破时，财务管控势必从局部走向全面，这是智能时代管控的新逻辑。

(二) 组织：刚与柔

现代财务组织是建立在刚性管理的基础上的。泰罗的科学管理理论将人看作"经济人"和"会说话的机器"，强调组织权威和专业分工。刚性组织依靠组织制度和职责权力，管理者的作用在于命令、监督和控制。而智能时代需要的是更多的能动与创新，"会说话的机器"将被人工智能这个"真的机器"所替代。在智能时代更需要柔性组织，柔性管理擅长挖掘员工的创造性和主观能动性，依靠共同的价值观和组织文化调动员工的高层次主导动机，实现智能时代管理所需要的跳跃与变化、速度与反应、灵敏与弹性，这是智能时代组织的新逻辑。[①]

(三)知识：纵与横

现代财务管理对财务人员的要求首先是专业的纵深能力。由于财务管理本身涉及会计、税务、预算、成本等多个垂直领域，很多财务人员常年围绕一个纵深领域从事工作，也因此形成了自身在某一领域很深的专业能力。但在智能时代，财务管理的视野将被极大地打开，人工智能能够辅助强化财务人员的知识深度，而更多地需要财务人员具有横向宽度，能够进行跨专业领域协同创新的新知识体系，这是智能时代知识的新逻辑。

(四)观念：被动与迎接

目前，财务人员的观念多数在潜意识中还是偏重被动的。在现今社会，财务人员被认为且自己也认为需要用严谨的态度去处理和解决问题。管理层和业务部门也常认为财务是后台角色，做好自己的事情，有问题能解决就可以了，这些都是典型的被动观念和思维。在这种认知和定位下，财务能够掌握的资源就会极其有限，难以起到很好的管理推动作用。在智能时代，将更多地强调财务基于大数据和智能分析的主动发现和管理能力。对财务来说，要实现如此的观念转变，就需要逐渐转向强势财务，从被动响应变化转变为主动迎接挑战，这是智能时代观念的新逻辑。

二、财务管理技术的新逻辑

管理技术是财务主体的脉络。好的管理技术能够让财务主体运转得更具活力，并且焕发出青春的能量。财务管理技术的逻辑转变将让财务能够触及更为广阔的管理技术领域，获得更加先进和更有价值的管理技术工具。接下来让我们从数据、计算、记录、流程、互联五个关键词来了解财务管理技术的新逻辑。

(一)数据：小与大

传统的财务数据处理和数据分析都是建立在结构化数据基础上的，也

---

① 张瑛. 人工智能时代财务会计向管理会计的转型 [J]. 天津经济，2020(9)：52-54.

可称之为"小数据"，这也是我们最擅长的领域。传统财务分析领域的技术工具也多是基于"小数据"开展的。对财务来说，即使在智能时代，"小数据"也仍然是不可舍弃的核心，毕竟太多的财务管理理论都是构建在结构化数据基础上的。但对我们来说，在手握"小数据"工具的同时，还要高度重视大数据。基于大数据的技术工具，让海量非结构化数据处理成为可能，这能够帮助我们跳出传统思维的局限，探索出一片广阔的新天地，这是智能时代数据的新逻辑。

（二）计算：本地与云端

传统的信息系统或计算，大多数是构建在本地部署基础上的。从用户的角度来看，本地部署模式能够更加灵活地匹配我们的管理需求，更好地支持按需建设。但随着本地部署量越来越大，其所带来的负面影响是持续高昂的运维成本，以及企业大量资产的占用。这些在传统时代由于算力有限，并非不可容忍。而在智能时代，大数据和机器学习对算力的要求都是海量的，传统的本地部署模式势必受限；云计算将成为首选，无论是公有云、私有云还是混合云，走向云端将成为必然，这是智能时代计算的新逻辑。

（三）记录：集中与分布

传统财务信息的记录采用的是集中记录的方式，或者说"有中心"的记录方式，这种方式的好处是数据存储量小，不会产生大量的资源消耗。但问题是，数据的安全性及一致性并不是很高。很多公司常见的财务问题是业务系统与财务系统不一致，或者可以解释成不同系统之间的同源数据不一致。而在智能时代，随着区块链技术的出现，记账方式发生了革命性的改变，从原来的集中记账转变成分布式记账，将财务信息进行去中心化的多账本同步记录。尽管这种财务信息记录模式会造成大量的数据冗余，但网络和存储的快速进步克服了这一不足，信息记录从集中到分布将有越来越多的应用场景，这是智能时代记录的新逻辑。

（四）流程：稳健与敏捷

为保持传统财务"端到端"流程的可靠性，传统财务模式更多的是进行流程固化。在业务流程相对稳健的模式下，流程的可靠性和维护的便利性得到增强，但丧失了较多的流程灵活性，以及对客户需求响应的可能性，从而造成客户满意度的下降。在智能时代，更为高效的流程引擎能够支持维度更加丰富的流程控制，并且能够基于动态数据分析及时调整流程控制参数。同时，流程中智能自动处理的环节在增加，流程变动并不会给运营造成过多压力。在这种情况下，适度地将流程从稳健向敏捷转变成为可能，也将会赢得财务客户的青睐，这是智能时代流程的新逻辑。

（五）互联：数联与物联

传统的财务关注数字之间的联系，无论是流程处理还是经营管理，都更多地关注数字流转。数联时代帮助我们将一系列的经营管理过程及流程转换为数字形态，从而可以量化管理。而在智能时代，我们可以在数联的基础上叠加物联的概念。随着物联网应用的普及，在企业经营中关键实物、运输、人、财务凭证等的流动都可以打上物联标签，而将物流信息进一步转换为数字信息，让我们可以通过数字进一步分析，引入在没有物联时难以关注到的管理视角，如更为复杂的物流运输的成本管理等。物联并不是排斥数联，这里强调的是将物联转换为数联，在数联里加上物联的信息，这是智能时代互联的新逻辑。

三、财务管理实践的新逻辑

管理实践是财务主体的手足。手足敏捷能够帮助财务主体变得更加刚劲有力。财务管理实践的逻辑转变，能够让我们在实践工作中引入不同的视角，通过另一种模式对现有的实践进行转换和升级。接下来让我们从绩效、预算、管会、控本、业财、共享、财资七个关键词来看财务管理实践的新逻辑。

（一）绩效：因果与相关

在传统的财务管理中，我们进行绩效管理时通常会预先设定因果，通过设定关键绩效指标（KPI），并设定目标值来监控业务部门的执行情况。当KPI结果发生偏离时，势必要找到其原因，再进一步寻求解决措施。这是典型的因果分析法，也是当下主流的绩效管理思维。但在智能时代，大数据并不强调因果关系，而是更关注相关性，这为经营分析打开了另一扇窗。基于大数据分析，我们从数据角度找到影响 KPI 偏离的因素，并获得其影响方向，直接对这些因素进行干预，不解释为什么，不用必须向业务部门说明其中的逻辑，这是智能时代绩效的新逻辑。

(二) 预算：经验与数配

传统的预算编制或资源配置往往基于经验，即使采用复杂的作业预算概念，其中的业务动因也大多是基于经验形成的，从这个意义上来说，我们将传统预算称为一种经验预算是不为过的。这种经验预算对预算编制人员的经验要求很高，且其结果很不稳定，在预算沟通过程中会有很大的弹性和空间。同时，沟通双方都很难找到合适的逻辑说服对方。而在智能时代，依靠大数据的可预测性，通过分析数据，从结果出发，能够找到影响经营结果的热点因素。通过确定这些热点的资源投入，实现精准预算或精准资源配置，我们称之为数配，这是智能时代预算的新逻辑。

(三) 管会：多维与全维

传统管理会计的核心部分就是维度，而维度往往又是很多管理会计人的痛苦回忆。在当前模式下，管理会计要实现多维度营利分析的目标，关系型数据库的性能早已无法支持，多维数据库成为当下管理会计系统数据载体的主流。即使这样，在管理会计中，大家对维度也仍然极其谨慎，减少一切不必要的维度，以提高运行效率。而在智能时代，无论是算力还是数据处理模式都将有更大的提升空间。尽管在当下还没有看到技术突破至理想的状况，但相信在不远的将来，维度的组合计算将不再是业务设计的约束，全维管理会计将成为可能，这是智能时代管理会计的新逻辑。

(四) 控本：后行与前置

传统的成本管控往往是在成本发生后进行的事后追踪。即使往前推进一步，做到设计阶段的成本管理，这样的成本管理方式在现阶段也是必要的，是能够发挥作用的。但随着智能时代技术的进步，成本、费用被细分为每一个子类，针对不同子类都可以进一步向前延伸，建立专业的前端业务管理系统，如商旅管理系统、品牌宣传管理系统、车辆管理系统、通信费管理系统等。这些前置业务系统和财务系统之间无缝衔接，将成本费用的管理前置到业务过程中，这是智能时代控本的新逻辑。

（五）业财：分裂与融合

传统的业务系统和财务系统之间存在一定的分离，业务系统通过数据体外传递的方式完成和财务系统之间的数据对接。而近些年随着业务系统和财务系统融合的深入，出现了单个业务系统在体内自建会计引擎，并对接财务系统的模式，但多个系统之间仍然是分裂的。在智能时代，随着会计引擎应对复杂性能力的提升，将逐步建立起大型企业内部统一的会计引擎，并作为载体融合多个前端差异化的业务系统，从而实现业财对接从分裂到融合的转变，这是智能时代业财的新逻辑。

（六）共享：人工与智控

当下的财务共享服务采用的是典型的劳动密集型运营模式，将分散的财务作业进行集中处理。这种模式的建立在过去十年内极大地解决了国内企业在会计运营成本和管控能力上所面临的问题。但要意识到，劳动密集本身也存在着成本和操作风险。在智能时代，基于人工智能和机器学习的共享作业将逐渐取代依赖人工作业的模式。基于前端数据的丰富采集，依托智能规则，可以大幅降低财务共享服务中心的作业人员，从劳动密集型运营转变为技术密集型运营。并且，依托人工智能，可以实现在智能作业时开展更加丰富的智能风控，这是智能时代共享的新逻辑。

（七）财资：平面与立体

在传统的财资管理系统中更多的是平面化的财资管理。所谓平面化是指将财资管理的重点放在账户管理、资金结算、资金划拨、资金对账等交易性处理流程上。这也是很多国内企业目前资金管理水平的基本状况。而在智能时代，随着对复杂的资金管理模式技术支持能力的增强，财资管理将从平面走向立体，一方面，财资管理从交易处理模式转型为复杂的司库模式，在资产负债和流动性管理、风险管理领域开展更为丰富的实践；另一方面，财资管理从企业内部资金管理模式向供应链金融模式转变，构建起多维度立体的财资管理体系，这是智能时代财资的新逻辑。

第二节　财务分析智能化的实现路径

一、财务分析智能化的技术实现

一般的决策支持软件通常隐含着至少一个假设即"其他条件不变"。这个假设条件的存在，虽然使软件编写变得容易可行，但却使软件运行成果和企业的实际情况相去甚远。财务分析的智能化，应该借助计算机技术，将企业的实际数据和决策模型动态链接起来，使过去的"其他条件不变"假设变成"其他条件已知并随经营状况的变化而变化"。这一改变使分析模型和软件的运行建立在了企业实际数据的基础上，建立在数据与分析模型、分析方法动态链接的基础上，实现有效人机互动，使会计人员摆脱手工分析的时代，替代人脑进行分析判断，自动生成图文并茂的财务分析报告，真正实现快速决策和准确决策。

财务分析智能化系统，从外部通过建立接口导入数据，将数据存储到数据库中供用户和系统调用。用户提供选择分析指标、分析报告内容驱动分析模块执行分析推理过程。在分析推理过程中，要使用知识库中效应模块的分析模型和分析经验。某些分析判断还需要借助于分析参数。分析推理运算生成分析结果文字、图和表，再根据用户定义的报告输出内容和格式，经过报告生成器生成分析报告。

财务分析智能化系统根据企业的财务报表数据，自动生成一个分析和评价企业经营和财务状况的图文并茂的报告。用户可以借助该系统，设计一份自己所需的财务分析报告，能够省去大量重复性的数据查找、指标计算、图表制作和报告文字撰写等工作。智能化系统的主要功能有：①自动导入财务数据，生成财务分析报告；②可以进行年度、季度、月度和半年度分析，实现任何两期或三期的分析，生成环比分析报告和基期比分析报告；③可生成财务分析、内容分析、指标表和指标图，可自定义分析指标和分析报告；

④可快速出具图文并茂、内容规范、繁简任意、格式可自定义的分析报告；
⑤可对分析报告进行个性化编辑和修改。

历史经验表明，发展最快的企业是那些在企业管理方法、技术上获得了重大突破，首先采用适应时代要求的、先进的企业管理技术的企业。从发展趋势上看，财务分析智能化是一种客观需求，是财务由核算管理型向管理核算型转变的标志之一。财务分析智能化软件系统的推广和运用，将给财务部门的分析工作带来高效和准确，并为企业的科学决策提供准确的、科学化的财务依据。财务分析智能化软件系统把专家学者的知识和科学方法用计算机软件固定下来，并能够让企业直接使用，使企业在工业化、信息化发展的同时，走智能化发展道路。

二、财务分析智能化系统的应用

（一）在企业中的应用

企业经营者、董事会成员、监事会成员、证券投资人员、银行信贷管理人员、企业财务管理部门、集团公司成员企业管理部门、政府机构、会计师事务所、管理咨询机构均是财务分析智能化系统的使用者。

传统财务管理系统虽然解决了自动记账、出表和一些会计数据的汇总统计工作，但仅仅是一种简单的机械操作，而对财务报告分析这一涉及专业技能的综合性工作，只能靠人工来完成。所以每到月末和年初，财务部经理等企业管理层人士，就不得不在完成日常事务性工作的同时挑灯夜战，归集、整理、完成报表数据的翻译和解释。因此，传统财务管理系统仅能满足企业经营者单一需求的财务分析报告的编写工作。

其实，对同一企业的同一份财务报表，不同的报表使用者会得出不同的结论，因为他们的立场不同，对企业关心的角度不同。而财务分析智能化系统允许同一使用者以不同身份、从各个不同角度对同一企业的财务状况和经营成果进行审视，并作出不同的财务分析报告，这如同给企业的高级经理们提供了一面多棱镜，使他们可以从各个不同的侧面观察企业的外部形象并制定相关政策和策略，这极大地提高了企业的工作效率，使财务管理系统更好地为企业管理和决策发挥辅助作用。

财务分析智能化系统直接从企业的财务管理信息系统中抽取数据，同时支持 Excel 报表的导入功能。在导入财务报表数据之后，一分钟之内生成一个内容全面、结论准确、图文并茂的财务分析报告。在实际分析中，财务分析智能化系统利用图表展现、文字描述等手段对收入（总收入、各单位收入、内外部收入）、成本、费用、税金、利润等方面进行深入、分解分析，同时，对成本习性、盈亏平衡点、营业安全水平、财务敏感性、资金状况预警等方面结合全面的财务数据进行挖掘分析，最后出具一个图文并茂的财务分析报告，全面展现企业财务状况。

当用户将原始数据导入财务分析智能化系统后，系统还可自动调用同比增减数、增减变化率、完成预算百分比等数据，生成自定义分析报告或表格，并能够实现各类财务指标的定义和计算，形成完整的财务指标体系；系统自动判断选取影响收入、利润变化的前几个原因，并运用因素分析法分析销售量、销售单价对收入、利润的影响；系统可从市场、产品、客户多个角度分析收入、利润的完成情况，可对所分析的内容与预算进行对比、与上年同期的收入和利润进行对比分析。

用户可任意组合、更改分析报告内容的顺序、表格样式和图的表现形式等，同时设计了灵活的数据接口和人机对话窗口以满足不同分析的需要，支持 Word、PPT、HTTP 格式；可自由增加企业希望分析的新增项目，自定义分析的文字模板、图形模板、表格模板等；可针对不同分析报告需求者，定义不同的报告模板，分别提交给上级部门、单位领导和不同需求的分析人员。

系统设置了财务分析工作中常用的基本模板，同时支持自定义模块。通过生成报告管理功能，用户可将已建立的文字、图、表等分析模板组合成为一个新的图文并茂的大模块，并可将这个新组建的报告模块提交给相关人员审批。通过报告管理功能，可将经审核批准的报告模块组合成一篇完整的报告，并对这个报告模板进行管理，将已经组合完整的报告通过"生成报告"功能，以 Word 和 PPT 格式生成。用户可根据需要任意组合文字、图表，以满足不同分析的需要。

系统采用 B/S 架构浏览器 / 服务器模式，支持网络运行、数据共享，便于安装、实施和维护，还具有操作简单易用性、权限分配合理性等特点。用

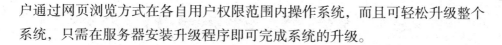

户通过网页浏览方式在各自用户权限范围内操作系统，而且可轻松升级整个系统，只需在服务器安装升级程序即可完成系统的升级。

(二) 在金融领域的应用

银行信贷部的工作既繁忙，责任又重大，而且许多不良贷款项目是不法分子用虚假报表蒙骗信贷员导致的。在银行信贷部门推广使用财务分析智能化系统之后，信贷部经理一得到贷款企业的财务报表，利用财务分析智能化系统立刻就可以得到具有专业水平的财务分析报告，这不仅大大提高了工作效率，也减少了因信贷人员知识结构不完整或主观随意性对贷款者基本财务报表分析的误差。运用财务分析智能化系统可解决信贷人员专业知识的不足，提高银行的信贷资产质量。

财务分析智能化系统同样可以作为投资者的参谋。有了它，投资者就可以轻松便利地对上市企业的财务状况和经营成果迅速做出全面深入的分析判断。它是投资者手中的"显微镜和放大镜"，因为它善于发现问题和揭示隐含在抽象数字背后的规律，激发人们去进一步调查问题的原因。投资者只要访问智能财务分析服务网站，输入某上市公司的股票号码，就可以立即得到该公司的近期财务分析报告。这种分析报告既不是上市公司自己"粉饰"过的，更不是券商"包装"过的，而是计算机根据财务分析专家的知识，由第三者的中立立场做出的，所以更具有客观性。

总之，财务分析的智能化提升了计算机财务管理系统的水平、丰富了计算机财务管理系统的功能，完善了计算机财务管理系统的结构，使财务管理系统面向管理决策并有效地利用 IT 来提高会计模型的使用价值，并使财务管理系统在性能上发生了根本变化，具有更多"人性化"的功能。

第三节　财务决策支持系统智能化机制探究

一、人工智能下财务决策支持系统机制构建

(一) 新系统功能与结构

新系统由数据层、分析层和交互层三部分组成。

数据层主要进行数据收集、清洗、数据挖掘及存储工作。数据层借助自动数据传输程序以及自然语言处理技术可以快速获取本地数据库中存储的业财信息、审计信息、信用信息等内部决策有用信息；以及在互联网上公开的政府政策信息、税务信息、汇率信息、市场信息、法律信息、宏观经济信息等外部信息。这些海量异构数据被进行数据清洗和数据挖掘，从而形成多维度的决策有用信息，并被分类存储在数据仓库中。数据仓库为新系统的深度学习和财务决策制定提供强大的数据基础，同时数据的提前处理和分类汇总也为财务决策的及时性提供了保证。

分析层负责开展财务分析、财务预测和财务决策活动。财务分析是开展财务预测和决策的基础，财务决策依赖于财务分析和财务预测的结果。分析层包含知识库、方法库、模型库及其各自的管理系统以及人工智能分析系统。知识库存储各类财务知识、常识及推理规则等数据；方法库存储财务分析、预测及决策方法；模型库存储财务分析模型。三个数据库的管理系统一方面负责接收人工智能分析系统的指令，从相应的库中调取所需知识、方法和模型；另一方面嵌入深度学习算法，在后台自动进行新知识、新方法和新模型的建立及对已有知识、方法和模型的改善，从而及时更新知识库、方法库和模型库。人工智能分析系统负责接收人机交互系统传达的财务决策目标，并据此向各库管理系统和数据仓库发送指令，接收数据进行分析，最后将结果反馈给人机交互系统。人工智能分析系统中包含若干嵌入深度学习算法的推理机，这些推理机一部分负责根据财务决策目标确定所需知识、方法、模型和画像的种类，另一部分负责进行财务分析以生成各类画像，还有一部分负责财务预测和决策的生成。

所谓"画像"是指通过数据分析和推理得到的以数字表示的对某一事物

的全面描述。比如，根据数据仓库中的数据对组织结构、治理机制以及风险偏好等企业特征进行刻画，并对财务绩效、现金流情况、财务风险水平等客观情况开展实时分析，可以得出客观准确的企业画像。同时，通过对企业所面临的投资、筹资环境、市场环境、宏观经济环境等外部环境信息进行分析，还可以形成外部环境画像。需要强调的是，各类画像不仅包含最终形成的高度概括性的分析数据和结论，还可以进行数据钻取，可根据后续计算的需要钻取至原始数据。依赖深度学习算法，可以实现企业画像和外部环境画像的匹配，进而进行财务预测，并在此基础上综合财务分析的结果，最终得到财务决策。在整个财务决策制定流程中，对于具有高度重复性、逻辑确定且稳定性相对较低的部分，通过运用机器人流程自动化（RPA）工具实现自动化处理，从而进一步提高财务决策制定效率。

为了提高财务决策需求产生时系统的反应适度，在财务决策支持需求频率较低的时间段，如企业下班时间，新系统可根据以往财务分析、财务预测和财务决策的需求，推测未来的财务决策目标，并进行相关分析工作。当人机交互系统传达财务决策需求时，人工智能分析系统会根据深度学习的结果将企业画像、外部环境画像与决策目标相匹配，从而得到适当的财务决策。以企业金融资产投资决策为例，将由企业画像得出的企业财务状况和风险偏好等变量，由外部环境画像得出的市场系统风险、风险溢价等变量以及由金融工具画像得到的不同融资策略的风险、成本等变量代入决策模型中，通过深度学习算法，将企业需求与金融工具特点进行匹配，可以选出最优投资组合。

另外，在财务决策执行过程中，通过不断更新数据仓库中的数据，新系统自动进行财务分析和预测，这一方面实现了画像及时更新，为提高财务决策效率提供了保证；另一方面也实现了对财务决策执行情况的监督和控制，使风险点的及时预警和必要时对财务决策的及时动态调整成为可能。

交互层是联系新系统与决策者的纽带。由于人机交互系统使用语音识别和自然语言处理技术，所以决策者可以使用自然语言与新系统进行沟通。在进行财务决策的过程中，人机交互系统通过对自然语言的处理形成财务决策目标，同时将财务决策目标传达给人工智能分析系统。在完成财务决策后，通过人机交互系统，输出财务分析报告、财务预测报告以及综合上述报

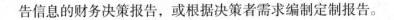

告信息的财务决策报告，或根据决策者需求编制定制报告。

(二) 新系统信息化决策驱动机理

股东作为财务决策结果的最终承担者，却常因信息不对称而无法发现高管的代理问题，导致利益受损；高管作为企业的实际管理者，日常经营决策的制定同样受制于信息的片面性和模糊性。高质量的决策有用信息是保证决策质量的基础。提高决策有用信息质量应从提高数据的多维性、全面性和准确性入手，新系统以大数据为基础和驱动力，能够提供多维、全面、准确的决策有用信息。

借助互联网，新系统可以实时获取财务报表信息、供应链信息、市场信息、行业信息、证券市场信息以及网络舆情信息等海量结构化、半结构化数据和非结构化数据。这些原始数据从多个方面描绘了企业自身财务状况和面临的外部财务决策环境，但这些数据结构混乱，质量参差不齐，无法直接用于财务分析，因此需要经过数据清洗和数据挖掘。经过大数据技术处理过的原始数据变成了多维度的决策有用信息，并按主题分类存储。以某类产品为例，通过利用多维度的决策有用信息，我们可以从产品型号、产量、销量、主要市场等多个维度提取有关的信息，快速获取某时某地该产品的销售情况。正如可以通过流动比率和速动比率等指标判断资产流动性一样，通过这些多维度的决策有用信息，深度学习算法会根据之前训练的结果对企业的偿债能力、盈利能力、经营能力、成长能力、风险承受能力、风险偏好等要素加以评价和判断。相比之前通过固化指标得到的评价结果，人工智能技术基于指数级指标得到的结果更加准确，从而保证了财务决策的适当性。

基于决策有用信息进一步开展财务分析、财务预测和财务决策工作，借助现有财务分析方法和对应的深度学习算法，可以对企业偿债能力、发展能力、盈利能力和营运能力进行分析评价。财务分析数据与企业特征数据共同构成了企业画像。

同理，通过对其他主题的多维决策有用信息进行分析处理，可以得到外部环境画像、资产画像、客户画像等多类财务决策信息群，当财务决策目标产生时，深度学习算法在调练时得到的模型、新画像就会被定制。各类画像间相互匹配，并对不同匹配路径下未来的财务活动成果进行预测和分析，得到财务预测数据。在此基础上选择可以最大限度地满足财务决策目标的行动路径作为财务决策。决策者可以通过人机对话对输出的财务决策进行修正，修正的过程会影响最终的决策模型，以提高下次决策的质量。得到令人满意的财务决策后，决策者可以选择输出通用财务决策报告，或定制个性化报告。

财务报告的生成，意味着由海量数据到财务决策的转变过程全部完成。在这个过程中，数据被不断精简，并被赋予财务含义，推动了财务决策的最终生成。最后，财务决策执行过程中产生的数据又被重新收集，形成了"数据—知识—财务决策—财务决策执行—新的数据"的闭环。

（三）新系统决策模型构建

新系统决策模型的构建是新系统在以管理会计信息为基础构建的大数据决策有用信息的支持下进行包括筹资决策、投资决策、成本决策、股利分配决策和特殊财务决策在内的财务分析、预测和财务决策支持工作。财务分析和财务预测模块作为支持性模块，在每一次财务决策任务中都会被利用，以提供决策数据支持。

1. 筹资决策

首先，通过财务分析得到的企业画像、外部环境画像和筹资工具画像能够为筹资决策提供数据准备。财务决策目标包括但不限于筹资期限、筹资金额和筹资成本要求等。当收到筹资决策目标后，新系统根据目标要求，在各类画像中提取相关的决策有用信息，包括企业的偿债能力、发展能力、营运能力、盈利能力、风险偏好等，外部环境中的银行利率、汇率、税收政策及市场风险等，以及各种筹资方式下的筹资工具风险、成本等特征，并借助深度学习算法将这些信息进行匹配，预测每种筹资路径下的筹资成本、筹资时间等数据，最后根据财务预测的结果，提出财务决策方案并根据决策者需求出具相关报告。

2. 投资决策

企业画像和外部环境画像是投资决策的基础。根据投资决策目标的不同，与决策相关的因素可分为偿债能力、营运能力、治理结构及利率、税率、市场及行业因素和法律法规的合规性因素等。根据具体的决策目标，新系统提取不同数据进行大数据分析和数据挖掘，定制拟收购企业画像，新产品画像、新设备画像、新技术画像及金融工具画像等。在此基础上，新系统根据投资目标中包含的投资回报率、投资规模等方面的要求，选取合适的算法，将各类画像进行匹配，并进行财务预测，根据财务预测结果生成财务决策并出具相关报告。

3. 成本决策

根据不同的成本决策目标，可以在企业画像的基础上进行数据钻取，获得人力成本画像、生产成本画像以及资金成本画像等，以便更详细和准确地揭示企业在人力资源、生产经营和资金使用等方面的成本构成和成本规模。同时，当成本决策目标涉及供应成本或销售成本时，应定制供应商画像或分销商画像。然后根据决策目标中包含的成本规模、产品或服务质量等方面的要求，对各类画像进行匹配，并对可能产生的财务后果进行预测，并最终得到成本决策。

4. 股利分配决策

根据对企业画像治理结构数据的钻取和从外部获取的股东相关信息可以描绘包含股东性质、股东收入构成和股东风险偏好等信息的股东画像。根据股利分配决策目标的要求，关注企业能力、外部法律法规要求、税收政策、投资机会以及不同股利政策和股利支付方式的适用条件和优缺点，将各类画像相匹配；寻找公司发展和股东权益保护之间的均衡点，从而做出最优决策。

5. 特殊财务决策

新系统不限于提供传统的财务决策支持辅助服务。对于上述财务决策目标之外的决策辅助需求，决策者可以进行特殊决策模型定制。当特殊财务决策需求产生时，新系统借助深度学习算法，首先会根据以往决策经验自动推理需要的画像类别。决策者可以对画像类别以及画像涉及的具体分析方面进行调整和修正。然后，新系统根据对财务决策目标的分解获得需要采用的分析方法，并应用对应的深度学习算法进行运算，从而得到财务分析和预测，最后根据财务预测结果，提出决策建议供决策者参考。同时，每次财务决策支持过程中所涉及的画像类型、分析预测结果以及最终决策等内容都会作为下一次特殊财务决策模型定制的素材进行分析和储存。

（四）新系统工作原理

财务决策通常是基于管理会计信息，综合其他决策相关信息，并借助专门的分析方法和模型做出的。比如，新产品开发投资决策需要收集变动成本、机会成本、专属固定成本等相关成本数据，并选择适当的定价方法，进而预测新产品的利润。同时，它还应综合企业的资金状况、市场需求情况以及宏观经济情况等财务和非财务信息做出决策。新系统在进行财务决策支持时也是基于"决策有用信息—财务决策方法和模型—财务决策"的原理进行的。

1.决策有用信息的获取

决策有用信息是财务决策的起点。对于企业来说，一切信息皆是决策有用信息。新系统在进行信息收集时不对信息进行筛选，从而保证决策有用信息的全面性。为提高决策有用信息的相关性和可用性，需要对这些数据进行进一步加工。对于非结构化数据，可借助自然语言处理技术进行结构化处理，提取关键实体信息，并挖掘这些信息间蕴含的数据关系。新系统结合经过数据清洗的结构化数据进行数据挖掘。新系统可获得包含数据本身和数据间复杂关系在内的高质量的决策有用信息。

2.财务决策方法和模型的建立

财务决策方法和模型是连接决策有用信息和财务决策的纽带，它们反映了二者之间的逻辑关系和因果关系。财务决策方法和模型对于财务决策质量影响重大。借助深度学习算法，我们向新系统输入决策有用信息，如果其做出了正确的财务决策，我们就给做出正确决策的新系统增强权重，反之就减少权重。这个过程就是对新系统的训练过程。在经过多次训练后，新系统就会总结出自己的财务决策方法和模型，从而在不需要人类参与的情况下做出财务决策。这些财务决策方法和模型可能有别于当前已固化的模型。相对于固化模型，这些方法和模型是更加复杂的函数体系，对数据的拟合程度也更高。并且，随着训练次数的增多，这些方法变得更加复杂，而财务决策质量也会随之不断提升。

3.财务决策的生成

当新系统收到财务决策目标时，就会启动财务决策支持程序。新系

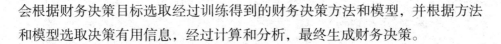

会根据财务决策目标选取经过训练得到的财务决策方法和模型，并根据方法和模型选取决策有用信息，经过计算和分析，最终生成财务决策。

二、人工智能下财务决策支持系统实施路径构建

(一) 实施环境构建

新系统的正常运转需要周围环境提供支持和保障。实施环境包括相关支持系统和规章制度。支持系统为新系统正常运行提供了物质、数据和人力资源方面的保障，而配套的制度支持则明确了责任和权限，规范了新系统的应用秩序。

1. 支持系统构建

（1）基础业务及财务系统构建

企业原有的业务及财务系统，如 ERP 系统（企业资源计划）、HR 数据库（人力资源数据库）等是新系统所需企业内部数据的重要来源。一方面，相对于人工处理的数据，计算机处理的数据往往具有更高的可靠性，因此基础业务及财务系统覆盖范围越广，自动化程度越高，新系统的数据质量就越高，进而为提高财务决策质量提供了保障。另一方面，基础业务及财务系统的构建使数据导入工作可以完全由计算机进行，大大提高了数据导入效率和效果。因此，在构建新系统前，企业应先完善基础业务及财务系统构建。

（2）数据仓库构建

从基础数据库收集的信息在经过清洗、加工和归类整理后按主题存储于数据仓库。因此，数据仓库中存储了各层次财务决策所涉及的全部数据，可以说，数据仓库为财务决策提供了数据基础。构建一个安全可靠且容量充足的数据仓库是必需的。大型企业可以构建自己的数据仓库，这种数据仓库构建成本较高，可拓展性较差，但是可通过内网连接，安全性有保障。企业也可以选择云端数据仓库，其由专门的运营商构建和维护，企业只需要支付使用费，大大节省了企业的时间成本、人力成本和财务成本，其安全性近年来也在不断提高。

（3）相关人才系统构建

新系统的使用是公司财务领域的一次变革，不仅涉及管理者传统财务

决策方式的改变，也将影响普通员工的日常工作。企业一方面应关注员工心理，通过领导带头的方式积极推进新系统构建工作；另一方面应对员工及管理层进行必要的培训，使他们能够尽快熟悉和掌握新系统的功能和使用方法。同时，新系统的应用将替代基层管理者完成其大部分工作，企业应加强对基层管理者的职业发展培训，使其掌握更高级的管理或专业技能，帮助员工提升能力从而为企业创造更大价值。

2. 相关制度支持

（1）授权制度

新系统为不同层次的管理人员提供财务分析、财务预测和财务决策支持，涵盖集团及不同级别子公司的业务及财务数据，涉及大量公司机密，因此必须对不同层次的使用者规定适当的权限，并严格禁止权限外的操作，以保护数据安全。

新系统使用者的权力主要包括财务数据审阅权力、财务数据修改权力和财务决策支持权力。权限设置应与不同层次管理人员的需求相匹配。对于公开信息应赋予所有新系统使用者查阅的权限，同时根据职能层次限制数据钻取的权利，达到权限设置的目的。高层管理者应区分集团高层管理者和子公司高层管理者。集团高层管理者的财务决策需求往往关系集团整体战略，涉及集团长远发展，因此应全面掌握集团内外部信息，以保证其可以实时进行报告审批和数据查询，并满足其财务决策的数据需求。子公司高层管理者的数据钻取权限则受到一定限制，仅限于钻取本公司全部信息。中层管理者的财务决策需求主要涉及各部门自身发展，如控制部门成本，其数据钻取权限应限制在本部门内部信息范围内。基层管理者的需求一般涉及企业日常经营活动，如原材料补给等，因此仅应被授予与其工作需求相关的数据钻取权限。

基于安全考虑，财务数据修改权力应被严格控制，并执行授权审批程序。由业务和财务系统自动生成的数据不允许进行人为修改。当人工录入的数据出现错误，需要修改时，应遵从不同业务部门的审批程序，如财务数据需要修改凭证记录时，须经会计主管审核修改。其他没有修改权限的人则严格限制对新系统数据的修改。

财务决策支持权利要与管理者层次相匹配。禁止为管理者提供高于其

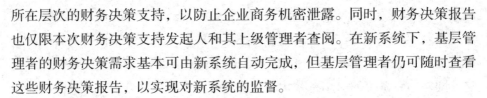

所在层次的财务决策支持，以防止企业商务机密泄露。同时，财务决策报告也仅限本次财务决策支持发起人和其上级管理者查阅。在新系统下，基层管理者的财务决策需求基本可由新系统自动完成，但基层管理者仍可随时查看这些财务决策报告，以实现对新系统的监督。

(2) 追责制度

企业管理层始终是财务决策的主体，财务决策支持系统为其提供辅助决策功能，以帮助其提高决策质量，但最终决定权仍掌握在决策者手中，因此采用新系统不应减轻管理层的责任。当出现错误的财务决策时，这项决策的发起者应对其负责，并视企业遭受的损失承担相应的责任。基层管理者应负有对新系统代替其做出的财务决策进行监督的责任，因此当自动执行的财务决策出现失误时，应查明基层管理者是否尽到了监督责任，若未尽到则应由其承担失职的责任。

(二) 财务决策具体定制路径

1. 常规决策

常规财务决策是指企业在日常生产经营活动中频繁发生的财务决策事项，如最佳库存选择，采购时点确定，应收账款催收，等等。这类财务决策通常属于结构化或半结构化决策。通过对新系统的训练，可以得到这类财务决策的最佳决策模型。以采购时点确定决策为例，新系统通过实时收集的业务财务信息，可以监控原材料的仓储量、每日生产领用情况；根据销售合同、车间生产计划书等资料可以预测未来领料量；再结合供应商规模、销售情况、地址、天气等信息可以精准计算材料到达所需要的时间。当上述信息代入训练得到的决策模型能够满足再订货时点选择条件时，新系统就会做出采购决策，并自动通知仓库等相关部门。此类决策由各部门基层管理者主导，其所在部门负责执行，所涉及的基层管理者仅需定期对决策结果进行抽查，保证系统运行的稳定性即可。

2. 复杂决策

复杂财务决策又称为特殊财务决策，是指企业在日常生产经营活动中不经常涉及的财务决策。这类财务决策虽然发生的频率低，但通常影响重大，因此对财务决策的质量要求更高。这类财务决策通常不再由财务部门主导，面是由中、高级管理层、董事会或专门成立的项目组负责。这类决策可以进一步分为两种类型：一种是新系统曾训练过的财务决策；另一种是全新的财务决策。

对于曾训练过的财务决策，新系统可以根据训练得到的知识和模型得出最终决策，但为了保证每一次的决策质量，在新系统做出决策后，应由负责组织对财务决策结果进行检验和评估。新系统会记录决策者对最终决策的修改，并对决策模型中的相关系数进行调整。每一次财务决策过程也是对新系统的训练，随着决策次数的增多，新系统的准确性和稳定性也会不断提高。

新系统并不是只能解决经训练的财务决策问题。对于全新的决策，新系统可以借助已有的知识和模型做出自己的推理和预测，并形成初步决策。决策者在获得财务决策结果后，可通过自然语言与新系统进行沟通，对决策条件进行补充和修正，进一步细化财务决策方案，针对部分财务决策进行深度探讨，等等，直至形成负责组织满意的决策方案。同样，在决策者对财务决策结果进行修正时，新系统会自主学习，并不断形成新的知识，优化参数设置，进而提高未来应对全新决策的能力和财务决策质量。

无论是常规财务决策还是复杂财务决策，新系统都会跟踪和记录决策执行结果。当结果符合决策目标时，相关参数会被加强；当结果出现偏差，但在企业可接受范围内时，系统会对参数进行修正。对于严重偏离决策目标的结果，新系统会分析成因，在修正模型的同时向负责部门或组织输出分析报告。

（三）财务决策评价与系统持续完善路径

1.财务决策评价原则

（1）财务决策目标匹配原则

目标是财务决策的起点。不同层次的决策者具有不同层次的财务决策目标。高层次决策者的决策目标更加侧重于企业整体发展，如并购决策、新市场开发决策等。而低层次决策者的目标往往更加具体化，如供应商选择、生产线选择等。对于不同层次的目标应匹配不同层次的财务决策方案。针对高层次的目标，财务决策方案内容涵盖范围更广，方案分析更细致，以实现

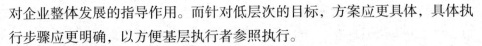

对企业整体发展的指导作用。而针对低层次的目标，方案应更具体，具体执行步骤应更明确，以方便基层执行者参照执行。

(2) 财务决策方案可行原则

财务决策对企业发展的影响一方面来自决策自身质量，另一方面来自决策执行效果。尽管新系统在财务决策制定过程中已经充分考虑了企业内部资源和外部环境的影响，但在决策执行之前仍应再次进行可行性评价以确保财务决策质量。财务决策可行性评价要重点关注企业当前是否具有执行方案必需的关键资源，关键资源是否可以调用，以及用于该层次的财务决策方案是否符合成本收益原则。另外还应关注企业外部环境是否能够满足方案实施条件，综合评估方案风险水平并确保其在企业可接受的范围内。财务决策方案可行性原则在决策者参与的财务决策中尤为重要，一方面是因为涉及决策者参与的财务决策往往是复杂、非程序化且十分重大的决策，这样的决策对企业发展影响力更大，因而应更加谨慎；另一方面是因为管理者的能力限制和主观臆断等因素在修改决策方案时可能无意间影响方案可行性。

(3) 财务决策过程合规原则

财务决策的程序正确是保证财务决策高质量和稳定性的重要因素。财务决策的制定应始终遵循"提出服务决策目标——目标分解——画像——画像分解——财务预测——财务决策方案制定"的过程。省略财务决策过程中的任何一个环节，都会影响财务决策质量的稳定性，造成企业发展的隐患。因此新系统在每次方案制定完成后都要进行自检以保证过程正确性。

(4) 执行效果达标原则

财务决策执行效果是影响企业未来发展的重要影响因素。因此除了对财务决策进行事前评价，还要对财务决策的执行进行事中和事后评价。执行效果评价可以借助主要财务指标和业务数据与行业平均水平、行业领先水平、主要竞争者、企业历史数据以及预算数据进行比较分析，同时也要注意收集不同层次管理人员和实际执行者的反馈意见。当财务决策执行涉及企业外部利益相关者时，也要及时收集他们的反馈，从而使执行效果评价更加全面、客观。对企业全体员工意见的收集有利于形成全员参与企业财务决策的氛围，能够调动员工的积极性，有利于保证财务决策执行效果。另外，实际执行者往往比管理层更富有实操经验，因此收集他们的意见有助于发现理论分析中忽略的问题，也有利于进一步评价财务决策的可行性。

(5) 财务决策过程成本收益原则

数据收集越全面，财务分析越详细，财务决策的质量就越有保证，但财务决策的成本也越高。如果借助新系统进行财务决策后，财务决策制定成功带来的收益无法弥补决策成本，那么即使财务决策质量得到显著提升，新系统也会被束之高阁。因此，财务决策过程应符合成本收益原则。根据决策目标的重要程度，应设置不同的精度，进行不同详略程度的财务分析和预测，从而在保证决策质量的前提下控制成本。

(6) 财务决策过程高效率原则

财务决策的制定是为了更好地把握经营机会，而机会是具有时效性的，如果财务决策制定过程效率太低，以至于错过了机会，即使最终得出的财务决策是正确的，也失去了意义。因此财务决策过程的高效率与财务决策的高质量一样重要。财务决策过程的高效率原则，一方面要求新系统在进行数据运算时能够选择合适的算法，提高运算速度；另一方面要求对于不同重要性的决策目标采取不同的分析程度和决策精度，从而节约资源，提升决策效率。

2. 系统持续完善路径

系统持续完善伴随财务决策评价进行，财务决策评价贯穿于财务决策的事前、事中和事后，并始终遵循上述六个原则。当最终决策方案制定完成后，首先是进行决策过程合规性评价、目标匹配性评价和可行性评价。只有当这三个评价都达标后，才会将财务决策发布，并通知相关人员执行。在执行过程中，要实时收集数据，并开通员工意见反馈通道，收集各层次员工的反馈，同时借助官网、营销人员电话沟通等手段收集外部利益相关者的反馈，从而对财务决策的执行效果进行监督和控制，并对其可行性进行二次评价，以保证企业以高效率朝着正确方向发展。在财务决策执行完毕后，再对其进行综合评价，包括对财务决策制定过程的成本收益原则评价和效率评价。对于重大财务决策，可以根据管理层需求出具分析报告，报告内容可涉及财务决策制定过程、修改次数及原因分析、执行效果评价等。

在财务决策正式实施前，如果对决策过程的合规性评价出现问题，应评估该问题对最终财务决策目标匹配性和可行性的影响，考虑是否需要暂停财务决策的执行。同时，因为决策过程合规性问题的存在可能还会导致其他财务决策出现同样的失误，所以应及时分析问题发生的原因并进行弥补。当目标匹配性和可行性出现问题时，应立刻停止执行，并查找出现问题的原因，尤其注意该问题的出现是否涉及过程合规性问题。只有当修改后的财务决策通过上述三个评价后才能进入执行阶段。在财务决策执行过程中，如果发现实施效果不尽如人意，应分析决策可行性是否存在问题以及企业外部环境是否发生了重大变化，并视实际情况决定是否需要暂停执行。如果可行性出现了问题，在调整现有财务决策的同时，还应注意查找决策过程和可行性检验过程存在的问题。如果外部环境出现了重大变化，应及时对财务决策进行相应修正，并对新决策重新执行上述评价程序。在修改财务决策方案的同时，新系统也要收集问题出现的原因。通过自我学习，新系统对自然语言处理系统、财务分析和决策模型等进行调整和修正，以提高下次财务决策支持的质量。

（四）人机协同实现机理

决策者是财务决策的主体，主导财务决策的进行。人工智能下的财务决策支持系统旨在为决策者提供更加智能和个性化的财务决策支持，通过实现人机协同提高财务决策的质量，而非取代决策者的职能。人机协同通过充分的人机交互活动得以实现，并贯穿财务决策方案制定和执行过程的始终。

1. 财务决策目标提出与分析

财务决策目标由决策者提出，是新系统开始财务决策支持的驱动力。当新系统接收到具体财务决策目标后，其自动对目标进行分析，分解出其中隐含的约束条件，整个过程不需要人工参与，由新系统自主进行。目标分析效果受训练次数的影响，对于新出现的复杂决策，分析效果可能不够理想，因此在决策方案生成后需要决策者进行审定。

2. 财务决策方案制定与反馈

财务决策方案的制定与反馈是由新系统主导的。根据对财务决策目标分析的结果，新系统自主调用企业画像，进行财务分析、财务预测和财务决策方案制定工作，并以图形、表格等多种形式输出决策方案和依据。决策者不需要参与新系统决策方案的生成过程，这并不意味着决策者不参与财务决

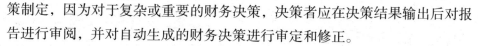

策制定，因为对于复杂或重要的财务决策，决策者应在决策结果输出后对报告进行审阅，并对自动生成的财务决策进行审定和修正。

3. 财务决策方案审定与修正

财务决策方案审定与修正需要人机密切配合。财务决策报告包含决策过程中涉及的的财务分析和财务预测数据，对此新系统可根据需要向下钻取原始数据，从而将决策思路清晰地呈现给决策者。决策者可以检查决策逻辑，并将根据自身知识和经验得出的决策与新系统的财务决策进行对比。当出现差异时，决策者可直接在系统中对决策方案进行修改，或加入新的决策约束条件，并要求新系统重新决策。审定与修正过程对于复杂或重要的财务决策是必不可少的，这一方面保证了最终财务决策的质量，另一方面也使新系统得以自主学习，提高每次决策的准确性。

4. 总结与评价

总结与评价是由新系统主导的。对于修改后的财务决策，新系统自主对最终结果进行保存和评价，对于不符合标准的方案及时预警，提醒决策者注意；对于合格的方案则直接输出。评价过程虽然由新系统主导，但是仍需要企业内外部利益相关者的广泛参与，而新系统通过收集利益相关者的反馈，对财务决策制定及执行效果进行跟踪和持续改善。评价结果一方面以报告形式定期输出交由管理层审阅，另一方面用于新系统的自主学习。

第四节　人工智能对财务会计的影响

一、人工智能对财务会计的推动

（一）人工智能的内涵

随着计算机技术的迅猛发展和广泛的应用，人们提出了人类智力活动能不能由计算机来实现的问题。几十年来，一部分人把计算机当作只能极快地、熟练地、准确地运算数字的机器。但是在当今世界要解决的问题并不完全是数值计算，像语言的理解和翻译、图形和声音的识别、决策管理等都不属于数值计算，特别像医疗诊断要有专门的医师才能做出正确的诊断。这就要求计算机从"数据处理"扩展到"知识处理"的范畴。计算机能力范畴的转化是"人工智能"快速发展的重要因素。

人工智能（Artificial Intelligence），英文缩写为 AI。美国斯坦福大学人工智能研究中心尼尔逊教授对人工智能下了这样一个定义："人工智能是关于知识的学科——怎样表示知识以及怎样获得知识并使用知识的科学。"另一位美国麻省理工学院的温斯顿教授认为："人工智能就是研究如何使计算机去做过去只有人才能做的智能工作。"这些说法反映了人工智能学科的基本思想和基本内容。即人工智能是研究人类智能活动的规律，构造具有一定智能的人工系统，研究如何让计算机去完成以往需要人的智力才能胜任的工作，也就是研究如何应用计算机的软硬件来模拟人类某些智能行为的基本理论、方法和技术。

人工智能研究的一个主要目的是使机器能够胜任一些通常需要人类智能才能完成的复杂工作。但是，不同的时代、不同的人对这种"复杂工作"的理解是不同的。例如，繁重的科学和工程计算本来是要人脑来承担的，现在电子计算机不但能完成这种计算，而且能够比人脑做得更快、更准确，于是当代人已不再把这种计算看作是"需要人类智能才能完成的复杂任务"。可见复杂工作的定义是随着时代的发展和技术的进步而变化的，人工智能这门科学的具体目标也自然随着时代的变化而发展。它一方面不断获得新的进展，一方面又转向更有意义、更加困难的目标。

人工智能的发展是与计算机科学的发展联系在一起的，除了计算机科学，人工智能还涉及信息论、控制论、自动化、仿生学、生物学、心理学、数理逻辑、语言学、医学和哲学等多门学科。它被认为是 21 世纪三大尖端技术（基因工程、纳米科学、人工智能）之一，这是因为近三十年来人工智能获得了迅速发展，在很多学科领域广泛应用，并取得了丰硕的成果。目前，人工智能已逐步成为一个独立的分支，无论在理论和实践上都已自成系统。

人工智能作为研究使用计算机来模拟人的某些思维过程和智能行为（如学习、推理、思考、规划等）的学科，主要包括计算机实现智能的原理、制造类似于人脑智能的计算机，使计算机能实现更高层次的应用。人工智能与思维科学的关系是实践和理论的关系，人工智能是处于思维科学的技术应用层次，是它的一个应用分支。从思维观点来看，人工智能不仅局限于逻辑思维，还要考虑形象思维、灵感思维才能促进人工智能的突破性发展。数学常被认为是多种学科的基础科学，人工智能学科也必须借助数学工具，数学进入人工智能学科后，二者互相促进才能更快地发展。

经过长期的实践总结，人们认识到人的智能表现在人能学习知识，能了解、运用已有的知识。要让计算机"聪明"起来，首先要解决计算机如何学会一些必要知识，以及如何运用学到的知识的问题。只是对一般事物的思维规律进行探索是不可能解决较高层次问题的，人工智能研究的开展是以知识为中心来进行的。人工智能研究的目标是使现有的计算机不仅能做一般的数值计算及非数值信息的数据处理，而且能运用知识处理问题，能模拟人类的部分智能行为。按照这一目标，根据现行的计算机的特点研究实现智能的有关理论、技术和方法，可以建立相应的智能系统。例如，目前研究开发的专家系统、机器翻译系统、模式识别系统、机器学习系统等。

（二）会计信息化中人工智能的应用

人工智能的应用领域十分广泛，那么它能否应用于财务和会计领域呢？答案是肯定的。事实上，财务和会计领域的许多问题非常适合利用人工智能来解决，如财务会计、审计、税务、管理会计和职业教育等。

如前文所述，专家系统是人工智能研究和应用最广泛的领域之一，它的功能是让计算机模拟某领域专家解决不能量化的、复杂问题的专门知识、推理方法和能力，专家系统是一种工作在专家水平上的信息系统。在会计信息系统中应用专家系统，建立相应的计算机辅助系统，使财务管理和决策智能化，是实现会计信息系统由核算型向经营管理和决策型转变的有效途径。

事实上，20世纪60年代专家系统兴起后，美国等西方国家随即将其应用于财务会计领域，陆续开发了许多实用的专家系统来解决复杂的财务管理和会计决策问题，使财务和会计专家系统应用越来越广泛和有效。而目前我国的会计信息系统仅发展到管理型会计阶段，与智能化会计信息系统相差较远。主要表现在以下两个方面。

1. 会计信息核算系统仍是手工会计系统的仿真

仿真（手工流程的简单重复）仍是当前会计信息核算系统处理模式的主

流，这种会计信息的产生除了必须从系统外部取得原始凭证外，会计信息核算系统可以仿真出手工会计系统的很多方面。从总体上说，这种系统的产生与手工会计系统在本质上并没有什么不同，它只是用计算机技术代替了手工会计系统下的纸张、笔墨与算盘而已；只是将中世纪的会计思想反映到了现代计算机的屏幕上，计算机只不过是充当了手工会计的工具，因为它既没有消除手工会计信息系统存在主观判断因素等固有缺陷，又未在信息处理方面发挥计算机的优势。

2. 会计信息系统的决策支持功能不强

传统会计信息系统的决策支持作用十分薄弱，决策仅依靠决策者个人的经验和判断，没有充分发挥现代信息技术的优势，为企业管理决策者提供数据支持。随着企业环境的变化和市场竞争的激烈化，企业财务与会计面临难度越来越大、要求越来越高的决策问题，传统的经验决策已很难满足日益复杂的管理需求。

因此，只有加大开发力度，在会计信息系统中引入先进的技术和方法，尽快发展高性能、高层次的会计信息系统，才能适应我国会计信息化发展的需求，使会计信息系统在企业管理信息化中真正起到核心作用。

(三) 会计信息化中人工智能的深入开发

以计算机技术为核心的现代信息技术与传统会计的结合，形成了会计的信息化。现代信息技术的强大功能为会计的发展带来了意想不到的推动力，使会计得到了前所未有的发展。如果在会计信息化的初期，会计信息系统的开发是满足传统会计目标的话，那么在今天看来这一目标就不是那么全面了。当前市场经济高度发达、全球经济一体化趋势强劲，知识经济异军突起、技术资产日益重要，以及计算机网络信息处理技术与经济活动的密切结合，众多因素造成经营活动形式、经济组织方式、投资 (和融资) 渠道和资产 (和资本) 构成等的多样性。它们无不要求会计能够科学地处理，并能给予全面的反映，提供满足需要的充分的会计信息。在会计信息化过程中，应将会计信息处理与人工智能技术及网络技术相结合，把会计信息系统的开发向智能化提升。

会计信息化条件下的会计信息系统应是一个由人、电子计算机系统、网络系统、数据及程序等有机结合的应用系统。它不仅包括会计核算系统，还包括更高层次的会计决策支持系统。会计信息化条件下的会计信息系统多用于解决非程序化的偶发事件，以辅助人们进行决策，这种非程序化的问题是人们在实务中遇到的，而如何解决也必须由人来决策，它只能起到辅助决策的作用，而不能代替人的决策，但是未来的会计信息系统可以搜集到大量的数据，并将其加工处理成对决策有用的信息，在充分占有信息的情况下，人们往往能做出更明智、更正确的决策。由此可见，未来的会计信息系统不再是一个简单的模拟手工方式的"傻瓜型"系统，而是一个人机交互作用的"智能型"系统。智能型的会计信息系统开发将是会计信息化的重要目标。

二、人工智能环境下的财务共享升级

(一) 新技术下的档案管理

随着企业财务共享中心建设及信息化工具的应用，从事财务核算工作的财务会计人员的工作方式也将发生重大变化，其中一项重要变化就是不见单审核，即通过原始会计单证的影像件进行财务核算。在新技术的应用下，影像及档案管理在财务共享中心建设中的定位也将发生变化，如何合理利用档案管理信息化工具助力企业财务共享服务落地也成为企业的探索方向之一。

1. 会计档案

(1) 三种企业会计档案

会计档案主要涉及四大类，即会计凭证、会计账簿、会计报表及其他会计核算资料。随着信息系统的广泛应用，绝大多数企业都已经拥有了完善的财务系统或 ERP (企业资源计划) 系统，会计凭证、会计账簿及会计报表均可以通过企业财务系统或 ERP 系统记录或通过打印的方式输出纸质资料。财务共享模式下的企业会计档案不仅包括能在财务系统或 ERP 系统中记录的结果性档案，也包括记录前端业务过程的各类单据、形成财务核算结果的会计档案、为财务核算提供支撑的原始单证。

①业务单据。业务单据主要包括在企业各项经济业务活动过程中形成的由业务经办人员发起并经领导签批的各类单据，这些单据可以是纸质的签

字单据，也可以是在信息系统里面由业务人员发起并经过流程审批的按照公司内控体系内置于系统的单据。

②记录核算结果的会计档案。其主要是指在财务系统或 ERP 系统中形成核算结果的会计凭证、会计账簿等会计档案，可以以电子形式存储于财务系统或 ERP 系统中，也可输出为纸质资料。

③原始单证。原始单证既包括可用于确认业务合规性的报告、合同等纸质单证，也包括用于确认财务合规性的发票或其他财务单证。

上述三类会计档案并不是孤立存在的，它们之间相互支撑、相互对应。

（2）会计档案管理

企业会计档案管理既要符合财政部、国家档案局颁布的相关条例和管理办法，又要符合企业的内控管理要求，同时还要能够支撑高效率、高质量的财务核算。在财务共享模式下，企业业务执行过程已由传统的线下模式转为线上模式，由业务系统进行管控；财务核算如记账、复核、支付等环节均通过财务共享系统来实现，且已与前端的业务系统进行了无缝集成。这就意味着，记录经济业务过程及反映经济业务结果均已经实现电子化，与之相匹配的附件，除了企业内部一些由领导签批的公文类文件、与供应商或客户签订的合同、原始发票等业务附件之外，对最终会形成会计档案的业务及财务附件，在财务共享服务模式下均以电子档案的形式进行保管和存储。纸质档案通过影像件（或电子档案）的形式进行保管和存储，并与原始纸质档案进行关联。

2. 影像系统技术在会计档案管理中的应用

（1）影像系统的三种建设模式

企业财务共享中心建设以信息化技术为基础，根据众多企业财务共享的实践发现，影像系统已经是财务共享中心不可缺少的系统之一。但不同企业对影像系统的认知和建设模式存在一定差异。

影像系统在财务共享建设过程中的定位可以从三个方面来描述：第一，影像系统是财务共享中心的重要组成部分，但不能将影像系统与共享中心混为一谈；第二，影像系统的最大价值在于解决企业下属异地分支机构单据传递及核算效率的问题，借助原始单据的影像件进行财务核算，在核算效率层面为企业带来更大的价值；第三，随着一些前沿技术（如 OCR）的应用，企业可以通过影像系统来提取原始单据影像件上的关键信息并形成结构化数据，将得到的数据与共享中心里已有的业务数据自动进行比对，以减少财务人员的审核工作量。影像系统建设通常有以下几种模式。

①初级模式。影像系统初级模式不购买或建设专业影像系统，仅在财务共享中心各业务受理点通过扫描仪将原始单据扫描为影像件，并以附件形式存储在共享中心。

②中级模式。影像系统中级模式通过专业影像系统进行原始单据的影像化，并对影像件进行压缩、纠偏等操作，同时将影像系统与共享中心对接，实现影像的调用、传递、归档，并将影像件存储在影像系统中。

③高级模式。影像系统高级模式将影像系统与共享中心对接，利用OCR（光学字符识别）等技术来提取影像件上的要素并与共享中心中业务单据的要素自动进行比对。因为当前OCR技术不能100%地识别影像件上的相关要素，所以这种模式会存在少量的手工操作（如手工填写、手工纠偏、手工比对等）。

企业在进行财务共享中心建设的过程中，可以选择适合企业管理需求的影像系统建设模式，但需要考虑以下几个要素。

①财务共享中心的职能定位。财务共享中心作为一个专业的第三方机构主要为成员单位提供财务核算服务，但不同企业对财务共享中心的定位也不尽相同，呈现出几种不同的类型：按照处理的业务范围来区分，可以分为专业业务共享中心或全业务共享中心；按照共享中心服务对象的地域来区分，可以分为区域财务共享中心、全国或全球财务共享中心。一般而言，财务共享中心处理的业务越多、服务的单位地域越广，对影像系统的要求就会越高。

②企业单据量。企业的单据量大，需要更专业的影像系统来对影像及档案进行管理；企业的单据量小，则可以通过简单的模式进行影像及档案管理。

③企业对影像件质量的要求。企业对影像件精度要求（如清晰度、单个文件大小等）越高，越需要专业的影像系统；企业对影像件的精度要求低或者没要求，则可以通过简单的模式进行管理。

此外，影像系统的建设还涉及前端进行影像采集的工具。目前，进行影像采集有多种工具可选,包括手机、高拍仪、平板扫描仪、高速扫描仪。企业可以根据不同的业务类型或不同的财务共享业务受理模式,选择不同的影像采集方式。

(2)影像及会计档案管理的四个关键点

在财务共享模式下,影像及档案管理有别于传统模式下的档案管理。传统模式下的会计档案与业务单据是相互孤立的,这给档案查阅、审计等工作带来了诸多不便。而财务共享模式下,影像管理及条码技术的应用,不仅提高了财务共享服务中心作业的质量和效率,也为档案的成册、入库、查阅、借阅、审计等工作带来了极大的便利。

①会计档案影像件与业务单据的关联性。在财务共享模式下,为了提高业务审核及财务核算效率,通常会通过电子业务单据及原始会计单据影像件来进行业务审核及财务核算,这就需要通过技术手段将会计档案影像件与业务单据进行关联。通常,以业务单据编号(如报销单号等)作为唯一ID(Identity document)来关联业务单据与影像件。业务单据编号在业务发起时会自动产生,可以打印报销单并粘贴票据或粘贴单据后手工填写业务单据编号,在进行影像扫描时通过业务单据号将系统业务单据与影像件进行关联。

②会计档案影像件与纸质会计档案的关联性。在财务共享模式下,会计档案影像件与纸质会计档案可以实现双向追溯,即通过系统会计档案影像件可以追溯到后端的纸质会计档案,也可通过纸质会计档案追溯到系统会计档案影像件。这就需要会计档案影像件与纸质会计档案能实现一一对应。

③业务单据与记账凭证的关联性。在财务共享模式下,业务单据存储于共享中心中,记账凭证存储于核心财务核算系统中。可以以"业务驱动的财务核算"为指导思路,实现业务单据驱动财务核算系统自动记账,将记账凭证信息与业务单据实现关联。通过业务单据与记账凭证的关联,也就实现了业务单据、影像件、纸质会计档案、记账凭证四个要素的关联,即可实现通过任意要素都可以查看完整的业务链条。

④查阅的便捷性。影像及档案管理除了在业务过程中的应用,其后期的成册、入库、查阅、借阅、审计、销毁等与档案相关的管理工作也尤为重要。这个过程中任何一个环节都涉及影像件及纸质会计档案的查阅。为了查阅的便捷,可以通过条码、OCR等技术手段来实现快速查阅。例如,给每

一张业务单据对应的原始纸质会计档案赋予唯一的一维条码,再给达到成册条件的一本档案册赋予唯一的一维条码,这样就可以通过扫描条码来实现快速的档案查找。

企业财务共享中心建设是一项系统性工程,其以提升财务管理水平、促进企业管理升级为目标。影像及档案管理作为财务共享中心重要的系统构成,可以帮助财务共享中心提升服务水平和信息化水平。企业在财务共享中心建设过程中,要充分考虑现有管理水平及未来的发展,对影像及档案管理信息化工具的建设也要充分考虑企业当前需求,并结合纳入财务共享中心的业务模式,选择适合企业管理要求和未来发展的信息化工具,真正为企业创造价值。

(3)会计档案影像化的优势

①会计档案影像化促进线上财务办公的实现。会计档案影像化使财务人员不用翻阅凭证,在财务系统点击查阅以往凭证的所有附件信息,就可以进行分析、统计、计算等后续深度加工。例如,老师不用到财务凭证室现场、档案馆等场所复印或拍照打印,或烦琐的凭证查阅申请、入馆审查登记等,在办公室或者家里可以随时随地登录预约报账系统查阅以往报账凭证信息,尤其是项目结题验收、审计高峰期等,会计档案查阅需求量很大,会计档案影像化,极大地解决了师生往返财务处、档案馆等查账需求,足不出户就可以轻松地、高质量地查阅凭证会计档案。作为财务业务和财务工作的重要一环,影像化的实现为线上财务办公的全面开展奠定了基础,探索了良好的实现路径。员工可以在家随时远程查询、打印、下载会计档案,完全无接触地办理财务业务,快速便捷助力有财务需求的人员顺利开展工作。会计凭证影像化,将加速促进企事业单位推广应用财务线上办公、网上服务。不久的将来,财务部门信息化水平和服务质量必将不断提升,全面实现线上财务办公。

②会计档案影像化推进了财务"云平台"及电子数据库的形成。就如电子比特币一样,人们可以放心地在平台上存储、查询和交易等。相关技术的应用,电子财务档案的安全也有了可靠的解决方案。会计档案影像化,使得原本纸质的原始凭证、附件记账凭证等变成随时可以查阅的电子文档,大大方便了财务人员和用户调取资料、查阅信息。OCR图像识别技术的应用,

将原始资料中的发票金额、单位名称、票据编号等信息，通过文字识别转换成财务可以读得懂的数字信息，通过编辑、存储，形成电子财务数据库。伴随着云计算、大数据区块链等技术的不断成熟，最为关注的电子财务安全也将迎刃而解。安全的会计档案影像化存储，推进了财务"云平台"办公和财务电子数据库的科学存档。通过基于会计档案影像化的财务"云平台"将实现对财务凭据和数据的收集、整理、统计，在云平台上完成报销、出纳等日常财务行为。

3. 机器学习技术在会计档案管理中的应用

（1）精细确认会计档案保管期限，设立保密等级

机器学习目标是构建数学模型，选择相应学习方式和训练方法，利用数学工具学习不断输入的数据结构和内在模式，求解模型最优化的预测反馈。[①] 机器学习本质上就是进行知识记忆的过程。

随着数字经济的迅猛发展，电子税务发票、原始单据、银行对账单等会计资料及辅助性材料比过去更多、更复杂，如何高效鉴定会计档案的保管期限及保密等级就成为一个迫切需要解决的问题。2016年实施的《会计档案管理办法》中，规定了会计档案的定期保管期限为10年、30年，同时要求各单位定期对已到保管期限的会计档案进行鉴定并生成鉴定意见书。其中，保管期限为10年的会计档案主要包括银行存款余额调节表、银行对账单、中期财务会计报告、纳税申报表；30年的会计档案主要包括记账凭证、明细账、日记账、总账、原始凭证、会计档案移交清册、其他辅助性账簿等。这意味着在10年或者30年之后需要对大量的电子及纸质会计档案进行再次鉴定，将有价值的会计档案重新划定保管期限持续保存，无价值的则进行销毁。在实际工作中，一次性准确确定会计档案保管期限的难度大、工作量也大，许多单位会选择慎重处置，如为了避免麻烦，部分单位甚至将所有的会计材料均予以归档保存。除此之外，对保管期限已满的会计档案进行销毁时，必须经过形成人工鉴定意见书、编制销毁清册、专家小组审批、共同派员监销等程序，当人力有限的档案馆（室）无法及时完成鉴定及销毁工作时，就会产生一系列问题。面对此种情况，部分单位一等再等，在持续累积

---

① 张润、王永滨. 机器学习及其算法和发展研究 [J]. 中国传媒大学学报（自然科学版），2016，23（2）：10-18，24.

会计档案的过程中，也增加了单位运营成本、挤压了库房保管空间。为解决上述问题，可利用机器学习技术研发会计档案知识库系统，通过神经网络算法或聚类算法训练，智能鉴定会计档案保管期限与保密等级，使会计档案的保管与销毁工作智能化进行。这样不仅节省人力、物力，也能高效地完成销毁鉴定工作。

基于上述考虑，笔者构建了基于机器学习技术的会计档案知识库系统模型。该模型主要由生成器与鉴定器组成。生成器的主要任务是生成会计档案知识库，即首先由内外部环境向系统的学习部分提供会计档案的相关信息，学习部分利用内外部环境抓取来的信息调整会计档案知识库，不断强化系统执行阶段的效能，执行阶段根据会计档案知识库完成任务，同时把获得的会计档案信息反馈给系统学习部分，以进一步完善会计档案知识库。其中，会计档案知识库中不仅具备会计与档案的基本知识，还需要输入必要的逻辑语句或函数判别公式。鉴定器的主要任务是鉴定会计档案保管期限与等级，当输入的会计档案满足系统中的某一保管条件时，系统立即停止检测并反馈精准保管期限和保密等级信息。反之，经上次执行程序完成后进入会计档案知识库进行再次确认。信息反馈的最终目的是分析会计档案的数据风险、总结执行效果。如果执行效果好，则将有价值的内容经过系统学习模块保存到会计档案知识库，反之则删除。经过会计档案知识库的"过滤"，可不断地进行经验记忆和分类，充实知识库。

（2）挖掘会计档案潜在价值

对于形成单位而言，会计档案具有不可替代的作用。在发生经济纠纷时，会计档案发挥着法律凭证作用；在注册会计师审计公司业务流程或者在纪检监察工作中，会计档案也发挥着风险控制与监督管理作用。

"由于人工智能技术可突破传统的档案信息关联性不足的瓶颈，使档案信息关联性集成化更高，有利于档案信息的进一步挖掘"。一般而言，馆藏会计档案的载体形态主要有两类：一类是纸质的会计档案；一类是从专门的会计管理系统中以 RAR、TXT、ZIP、PDF 等不同格式导出的电子会计档案。受档案载体、系统兼容性、数据统计路径不一致等因素的影响，使得会计档案不能与馆藏的不同单位的档案或者同一单位的其他类型档案建立联系，进而影响了其作用与价值的发挥，阻碍了其潜在价值的挖掘。依赖于机器学习技术研发的会计档案知识库系统，结合蚁群算法或卷积神经网络进行数据归纳分析，对归纳后的会计档案信息进行深度挖掘，将会发现会计档案与其他档案之间的关联度与潜在价值，能更加准确地反映出单位经济发展状况及业务能力。

4. 自然语言处理技术在会计档案管理中的应用

（1）提高会计档案查准率与查全率

自然语言是人与人之间交流的语言，或者是经过整理后的逻辑语言。"基于人工智能的自然语言处理是利用计算机对人类的口头和书面形式的自然语言进行分层次加工处理和应用的一种技术"。哈尔滨工业大学社会计算与信息检索研究中心历时 11 年研发出了 LTR 语言技术平台，并且联合讯飞技术公司推出了"哈工大—讯飞语言云"服务系统。该系统利用讯飞大规模云计算服务的稳定性与语言吞吐量优势，为各领域提供了精准的自然语言利用云服务，同时也支持中小型企业的低成本商业应用需求。2018 年 4 月，国家档案局档案科学技术研究所与科大讯飞技术公司联合成立了实验室，现已研发出首款产品—讯飞档案机，其在智能语音同步转写、语音合成等方面达到了国际领先水平。

当利用者对会计档案利用需求不明确或表述不准确时，会给档案管理者的提供工作带来一定麻烦。例如，某单位用户向档案馆（室）要求查找中期财务报表与押金收款票据时，一般先找所有者权益类和负债类的会计档案，再找季度与月度财务报表及应付账款，最后再找到用户所需的财务报表与押金收据，若档案管理人员对会计知识不熟悉，就会影响查准率或查全率。如用户需要"公司关联方财务报表披露信息"，可以理解为"公司—关联方—财务报表—披露信息"，也可以理解为"公司关联方—财务报表—披露信息"，其中"公司"包括总公司与分公司；"关联方"包括合营企业、联营企业。当档案管理人员进行检索时，首先需要明确用户表述的需求信息，是仅需关联方已经披露的会计信息，还是需同时获取总分公司与关联方披露的会计信息。汉语中的句法组织不同，其所表述的语义也不同，因此需进行层次性结构划分，以充分描述利用需求。由此可见拥有一个语言数据精确度高的识别系统，对精准识别用户所需的会计档案信息、提高查全率与查准率具有重要意义。

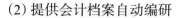

（2）提供会计档案自动编研

中国平安、中兴通讯等公司已建立了 FSSC（财务共享服务中心）平台，该平台的主要功能是统一管理跨国公司、总分公司形成的财务信息数据和会计档案，为入驻公司与外界及时提供战略性和商业性服务。FSSC 的特点之一是会计档案管理由属地主体暂时延伸并集中至 FSSC 平台，且属地主体作为会计档案管控主体之一，会参与到会计档案管理过程中。但其缺点也较为明显，即在共享会计信息的过程中忽略了会计档案的编研。

会计档案是企业的重要资产，对其进行科学合理的编研可为企业带来较大的经济效益。由于大型企业每年产生的会计档案数量较多，仅依靠人工编研难度较大。FSSC 可利用会计档案语料专用分层系统进行会计档案编研工作，并以此升级完善 FSSC 的功能。首先，运用会计语言词法和句法层捕捉当前经济业务来往中的会计档案高词频。其次，会计语言语义层自动抽取和智能识别关键会计信息，运用会计语言扩展层建造不同词频之间的联系并划分范围。最后，经上述一系列语料处理，生成并输出具有企业特色的会计档案编研成果。例如，编研企业历年经济效益的内容时，可将"经济效益"作为高词频，构造企业历年会计档案中有关经济效益的资金占用、成本支出、生产成果之间的联系，经层次化处理后，将其生成结构化数据语句、语段、篇章和图形等形式的编研成果，进而提供直观的企业现状信息。其他共享服务平台也可以此为例不断改进功能，提升其编研能力。

5. 生物特征识别技术在会计档案管理中的应用

（1）高效确认员工身份，防止会计档案被越权篡改

美国 Synptics 开发商研发出了多重生物特征识别融合引擎技术，能为系统设备提供更安全的验证方式，该技术主要将生物特征中的入驻和指纹共同融合作为认证门槛。在会计档案管理中，可借鉴和利用这项技术的优势以保障其安全。例如，员工因工作需要推迟移交会计档案继续在会计部门工作，因为出纳、会计人员以及会计主管大多数是以"姓名＋数字密码"的传统方式访问财务管理系统，而许多企业安装的安全防护系统级别较低，所以密码有被恶意盗取的可能。现有的金蝶、易飞 ERP 等财务管理系统，具有取消原始凭证审核、集中授权管理数据、反结账等功能，密码一旦被窃取或遗忘，访问权限不能实时控制，会计信息有可能被内部或外部人员不留痕迹

地恶意下载或整体破坏。因此会计档案形成机构与管理机构可在管理系统中共同参与设置基于生物特征技术的身份认证密码。由于在生物特征中，虹膜与人耳有不可复制性、活体检测等优点，因此可以"虹膜＋人耳"作为双重身份认证密码，工作人员在访问系统时，由于系统提前录入并保存了相关人员的虹膜信息与人耳信息，相关工作人员通过"刷眼""刷耳"便可实现身份判定与登录。如不相关人员访问，则会被跟踪和记录在风险拦截系统中，系统会自动阻断并报警。这样不但可以从源头上防止会计档案被篡改，保证会计档案的安全，还可以高效确认工作人员身份。

（2）准确核查会计档案形成主体，保证会计档案内容真实

"声纹识别是根据说话人的发音生理和行为特征自动识别说话人身份的一种生物识别方法。"声纹识别技术与语音识别技术的主要区别在于，前者注重说话人的声纹基本特征，而后者注重说话人的表达内容。2018年10月9日中国人民银行颁布实施《移动金融基于声纹识别的安全应用技术规范（JR/T 0164—2018）》，承认以"声纹"为代表的生物特征技术作为客户身份认证的方式之一。目前，京东金融已经应用了"生物探针技术"，依据行走姿态、声纹等指标去判别客户。

会计档案涉及商业机密，一定期限内不可对外开放。将声纹技术应用会计档案管理领域，严格执行多重加密身份认证，一方面，有助于保证会计档案内容的安全性与真实性；另一方面，档案管理部门可以为会计档案形成主体建立声纹模型，形成用户的个性化服务平台。例如，当用户通过来馆或在线、电话的方式查询会计档案信息时，档案管理部门可依据声纹模型自动提取说话人的基本声纹特征并迅速匹配声纹模型所属的会计档案形成主体，进而自动确认用户身份，这在保证会计档案安全的同时也提高了工作效率。

6. 人机交互技术在会计档案管理中的应用

（1）提倡智能可穿戴设备，满足不同对象利用需求

智能可穿戴设备是利用人工智能技术研发的具备一种或几种应用功能可以穿戴的服装、手环、眼镜等智能化硬件设备的统称。智能可穿戴设备通过数据交互、人体传感、云端交互方式实现实时监测、环境感知、通信连

接、信息行为可视化等功能已经被市场接受。[1]2019年互联网数据中心公布了全球智能可穿戴设备市场调研报告，与2018年第一季度相比，2019年同期出货量增长了55.2%，这表明"智能可穿戴设备的市场正迎来发展的良好契机，其市场预期非常乐观"[2]。

为实现会计档案利用的智能化，档案领域可应用提升交互体验的智能可穿戴设备。一方面，对于档案管理者而言，利用智能可穿戴设备可实时监控档案馆的内部环境，监测馆藏会计档案的状况，防患于未然；另一方面，对于用户而言，利用智能可穿戴设备查询所需的会计档案，并对其进行精确定位，便于档案管理人员迅速调卷。对于开放的电子会计档案而言，用户到档案馆（室）与服务器联通之后，直接利用智能可穿戴设备定位、打印所需的会计档案信息。面对多元化的档案利用者，智能可穿戴设备还可以为用户推送个性化的会计档案服务，如残障人士可利用其强大的感知及可视化能力去解读会计档案信息，进而加强人机交互的深度，这是会计档案利用方式又一创新。目前，我国已有图书馆采用 VR 眼镜、智能 Go-Pro 运动相机等智能穿戴设备为到馆读者服务。[3]由此可知，研发用于会计档案管理的智能可穿戴设备，不仅可以吸引更多公众关注会计档案工作，还能向公众展示档案馆（室）与时俱进的形象。

（2）融合情感深度分析，提升会计档案用户体验

"人机交互技术的未来发展趋势应该是以人类情感为导向，主要体现在交互理念和交互设备的升级上。"[4]纽约大学神经科学中心学者 Ledoux JE 通过实验发现了"情绪短路"的现象，其认为部分情绪能够在没有认知和意识的参与下直接触发自身行为和反应。这种现象的发现证实了情感是智能的重要组成部分，结合积极性情感因素的辅助更容易解决复杂的问题和提高效率。由于人类既是感性动物也是理性动物，所以很容易受情感状态的影响。例如，当用户查询会计档案信息时，可能受到档案馆（室）环境、工作人员的服务态度、个人心情等因素的影响而产生一定的情绪波动；档案管理人员

---

① 周文泓，李新功.人工智能背景下档案网站优化策略研究 [J].档案管理，2019（3）：52-54.

② 江洪，张晓丹.国内外智能可穿戴设备行业状况浅析 [J].新材料产业，2016（12）：2-7.

③ 王倩.可穿戴技术和设备在图书馆中的应用研究 [J].内蒙古科技与经济，2017（20）：111-112.

④ 徐云峰.用新一代人机交互技术改变生活体验方式 [N].中华读书报，2018-12-12（17）.

在工作时如情感状态不佳，也会影响其工作效率和服务质量。因此在研发专属会计档案智能交互设备时，应融入积极性情感因素，一方面智能交互设备可识别与用户相关的情感状态，当用户情绪状态不佳时，可在会计档案智能交互设备的信息查阅界面自动播放欢快生动的画面，让用户体验更人性化、智能化的会计档案利用方式；另一方面智能交互设备能实时监测档案管理人员的情绪现状，通过智能交互设备及时提醒其调整工作状态，以便让档案管理者在积极情感因素的引导下高效完成会计档案的服务工作。

(二) 众包模式

1. 财务众包模式的概念

财务众包是企业将整体或部分的财务工作发布到网络平台，采用众包的模式，将任务发包给符合条件的非特定大众来完成。目前财务众包主要用于处理费用、总账、税务等工作量大，操作简单，价值含量低的财务业务。众包不同于外包，它的任务接收方一般是单独的个体而非公司，因此它的成本通常要低于外包。

众包是指公司等组织机构采取自由自愿的形式，将曾经由职工负责的工作任务，外包给不确定的、大型的大众或社区，以扩充资源，协调内外部要素的运作，形成一个高效而独特的具有核心竞争力的运作体系。它可以利用网络集合大众，并将网络大众物质层面和精神层面的资源运用于公司本身的产品或服务，从而实现持续盈利和价值创造的目的。企业可以把它当作一种营销手段或者解决问题的途径，还可以对企业内外资源进行整合，建立产品以及服务的运营体系，形成能够持续盈利的整体解决方案。

随着"众包"的提出以及广泛推广，为财务共享服务中心的创新发展，提供了新的思路。但是"众包"属于一种新兴的商业模式，发展时间比较有限，因此对于"众包"的探索，主要集中在其自身的问题上，更多的是对其理论方面的研究。关于"众包"跨学科的融合研究较少，与财务相结合的研究更是凤毛麟角，并且是近两年才出现"财务众包"相关的概念。"财务众包"的运行模式还有待探究。

2. 众包模式的特点

众包作为一种新兴商业模式，其特点主要体现在四个方面。

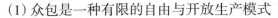

（1）众包是一种有限的自由与开放生产模式

作为伴随互联网发展而兴起的生产模式，众包融合了开源的透明与民主要素。首先，众包中的企业与个体具有选择的自由。企业与个体不受传统雇佣关系的约束，可以自由选择和参与不同的组织；其次，众包能够为企业从大众中挖掘创意，使其生产变得更加自由、便捷和便宜；最后，众包的特征也意味着，众包中允许更多异质性的存在，无论是众包任务的异质性，还是个体身份、技能和政治观点上的多样性，众包是后工业化时代异化劳动的重新聚合。

然而，这种自由和开放的程度是有限的。即便互联网的普及较为迅速，但仍有很多人没有使用互联网的条件，而且即便是互联网用户，也不能保证他们愿意参与其中。更为重要的是，以盈利为导向的企业参与到众包中，势必会产生一定的独占权，减弱众包的开放性。实践表明，一个组织既需要等级化以应对不确定性，同时也需要包容开放来增加活力。互联网的开放性和个体的兴趣促进了众包的包容与开放，而技术限制和企业利润导向使得众包成为有限度的自由与开放。

（2）众包是一种协同交互的关系网络

与传统生产模式相比，众包的参与者分布更为广泛并频繁地进行着各种交互运行。这些交互发生在公司和个人之间、个人和个人之间，众包平台和企业与个体之间，而由众包带来的收益则成为其交互运行的必要条件。众包的协同交互特征主要受到早期协作生产运动与互联网的发展两方面的影响。消费者协作生产运动等新经济形式的出现，使消费者由过去被动接受服务的"上帝"转变为众包生产中的协作工人，个人和企业之间不再只是单纯的交易关系，彼此之间还会进行信息反馈。基于 Web（全球广域网）的发展，社交软件等技术的应用为用户在 Internet 上的交流与合作提供了便利，使得知识共享，大大增强了个人之间的合作与互动。众包的交互协作关系展示了公众协作的力量。

（3）众包是一种新的资源利用模式

众包作为一种新的资源利用模式，打破了市场和企业之间的界限，已成为超越地域与组织界限的一种社会化活动。众包借助互联网的快速发展和普及，实现了全球联系的便捷化，能够将全球的参与者聚集起来形成集聚的虚拟"第三空间",在地理上又呈现明显的分散化和国际化。这些分散式分布的独立个体加入企业的众包任务后,成为部分意义的员工,模糊了严格意义上的员工与消费者之间的界限,延伸了企业资源利用的边界。众包利用的资源不仅有企业内部的员工,也包括全球范围的业余个体网,并由此构成了更为广泛的人力资源网络。特别需要注意的是,以兴趣为导向的自组织社区作为众包利用的资源具有重要意义,由于其参与者注重自管理,依靠共同信念和协作完成任务等因素,网络中资源的整合较少或者不需要企业的干预。

(4)众包是一种价值网络

众包既是一种价值创造网络,也是一种价值分配网络。众包作为一种价值创造网络,其个体的构成对进入企业价值创造过程的附加资源和经济资产价值有很大提高。众包中的企业利用网络的开放性和渗透性,突破了原有的资本专用性边界,实现了资源的共享和优化配置。在众包中无论是企业,还是个人,均构成了庞大众包网络中的节点,共同参与价值创造网络的重构。作为一种价值分配网络,众包将个人行为与实现公司利润最大化的目标相联系。但在多数情况下,企业在全部价值分配中获得了可观的利润,而个体经常没有回报,或者仅获得微支付及社会认同或娱乐等隐性补偿,从这个意义上来说作为价值分配网络的众包,实际是一种经济上不平衡的分配体系。正是由于众包对个体的支付过低,有学者将其称为互联网上的剥削经济、奴隶经济。

通过以上分析,不难看出,众包是一种在全新的社会网络环境下,企业合理获取外部智力资源的生产方式,这是一个相对较新的研究课题。

3. 财务共享服务下的众包模式可行性分析

(1)标准化的业务流程

在众包模式下,具有单一技能的社会角色不具备操作复杂任务的能力,因此复杂的任务必须被拆分成一个个简单的任务才可以被完成,能够将这些任务拆分的前提就是他们是标准的。在财务共享服务中心成立初期,财务共享服务中心先系统地对共享服务业务进行分类,形成规范化的操作流程,然后不断更新迭代,不断完善业务流程。在将现有会计核算过程发展为能够分包给网络大众的产品这一过程中,众包产品的开发人员凭借其工作经验,总结了会计核算过程中的重点和难点,将其应用到开发合适的众包产品中

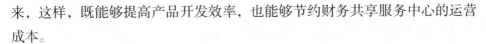

来，这样，既能够提高产品开发效率，也能够节约财务共享服务中心的运营成本。

（2）专业化的运营团队

一个成熟的跨国公司，财务共享服务中心大都已经运行多年，其员工往往具备较高的专业能力并积累了丰富的工作经验，在多年的会计工作中遇到过各种各样的问题，因此他们对会计工作有着深刻而独到的见解。这样一批具有丰富经验和专业优势的人才，在财务共享服务开发过程中有着非常丰富的众包产品开发经验，他们可以针对不同的产品在设计过程中遇到的困难提出合理的解决方案并给出参考性意见，这就在很大程度上提高了产品开发成功的可能性。

4. 财务众包模式带来的财务变化分析

（1）财务流程转变

按运作方式的类型划分，可以把众包模式分为分成型众包和成本型众包。成本型众包又可以分为开放式创新和微任务。开放式创新的任务类型多数是单一任务，支付有限的最终成本。例如，某家具品牌通过举办以"天才设计"为主题的比赛，吸引大家参与其中，参与者为多媒体家居方案的设计提供了创新的思路和想法，经评审，获胜者可以得到2500欧元的奖金，其作品也会被生产出来销售。这样的众包方式不会对财务流程产生重大影响，对财务流程真正产生影响的是"微任务"这种众包模式。微任务是把一项复杂的工作拆分成多个简单任务分包给不确定的大众群体来完成。例如，原本一本书里有100篇文章需要翻译，采用"微任务"模式后，这100篇文章就可以拆分成100个任务分发给网络大众来完成，这样，就可以在几小时内完成翻译任务。由于其广泛的适用性，"微任务"将成为未来最重要的众包模式。据领英（Daily Crowdsource）调查，微任务的增长率在2015年增至496%，2016年和2017年仍在持续增长。微任务的特点体现在以下几方面：任务的发包是持续且稳定的；任务发包面向的是不确定的网络大众群体，提供劳务的人员也是众多且不确定的；需要支付一定费用作为劳动力成本。微任务转变为财务流程就是每个月需要审查并复核大量的劳动力成本，这些劳动力成本每个月都是变化的，需要向不同的劳务者支付劳务费用，同时还需要计算代扣代缴个人所得税的数额。任务被拆分得越多，财务流程的报账次数就会越多，由此可以推断出，在未来"微任务"模式成为众包的主要模式时，对财务流程主要会产生以下几点影响。

①需要对原始凭证进行重新审核。原始凭证是判断企业是否真实、合理、合法经营的重要会计依据，无论是政府审计、注册会计师审计还是内部审计，都是被审计的重点。企业的劳务支付对象由原来的固定员工变成大量不确定对象，这对支付真实性的确定是一个很大的考验。因此在税收系统无法实现互联核对的今天，存在部分企业选择通过虚假发包的方式增加企业成本达到减轻税负的目的。由此可见众包平台对注册用户信息真实性的审核尤为重要，这就要求用户在注册的同时需要留下联系方式以便众包平台进行审核。在众包模式下原始凭证将变成一个个任务发布在平台，平台会按照任务的类型进行统计分类，根据会计凭证保存的要求，平台与系统数据之间也存在着逻辑关系。

②需要保证向不确定大众支付报酬的准确性和及时性。"微任务"模式的发展也给企业财务流程带来了新的挑战，即面对的付款对象是不确定的且付款金额也几乎不同。任务细分越小，低薪酬越多，有的甚至低于银行支付的成本，其中也存在一些人仅仅出于兴趣完成任务，而不上传个人账户信息导致众包平台无法及时支付报酬的情况。同时，随着微任务的发展，企业中大量的简单任务可以采用众包模式。在众包模式下由于账目分类和入账不能再被细分导致的会计信息失真等问题，如果采用传统账务处理手段，其复杂程度是不可想象的。因此众包平台必须采用财务流程报账系统，任务完成者依据自身情况填写报告并上传到财务系统，经复核后的部分信息在审核后自动生成，如，财务分录，另一部分信息产生银行信息，通过第三方资金支付平台把资金支付给任务完成者。

③需要企业完成个人所得税的计算并代扣代缴。在我国，企业有义务完成个人所得税的代扣代缴，企业采用众包模式，那么个人所得税就应该按劳务方式计算，并且企业应该向纳税人提供完税凭证，这样就会使企业财务操作变得复杂化。

(2) 财务组织模式转变

当外包服务走进商业领域后，财务会计这一典型外包业务的主要特点是操作重复性强，规则性、规范性高，这与较早进入外包模式的人力资源服务、客户咨询服务、信息技术与支持服务站在了同一起跑线，成为最适合的众包业务。企业享受财务会计外包服务必然产生服务费，随着外包服务的发展，企业已聚力于降低外包服务成本，外包成本的降低也成为各企业核心竞争力的表现之一。总之众包模式的发展，使企业财务组织模式发生了改变。

众包的不同之处在于它覆盖面广，基于此众包的优势主要有以下两点：一是汇聚智慧，众包站在企业外的角度，审视企业存在的难题，并提出解决方案，提高企业创新力，促使企业实现突破；二是外包公司与企业同时工作，提高效率，节省时间。外包的优势导致两类业务更容易实现外包，第一类是智慧型，解决问题，实现现状的高端业务，第二类是机械型，操作简便，经常发生的业务。由此可见，财务会计是非常适合外包的，因为财务会计工作的整个链条兼具决策层面的智慧创新业务和操作简单、重复性高的日常业务，这两极分明的特点与外包优势吻合。财务会计外包模式的理想状态是，将日常发生的业务，包括报账系统维护、数据录入稽核、实时监控财务数据等操作性较强的业务进行外包，而企业的财务团队主要负责资金计划执行分析、制定财务手册、预算执行分析等核心业务。同时，将一些待解决的难题和需要个性化及创新解决方案的问题，采取开放性的众包模式，择优选取企业外部专家的方案，可以实现低成本高回报的效果。

众包业务固然实用，不过仍有企业对数据是否会外泄，心存顾虑。需要说明的是，众包业务并不是将所有数据全部对外开放，企业仍然把握至关重要的机密数据，参照"二八法则"，众包数据是指那些经常发生的，诸如费用支出，也就是80%的部分，而重要的20%核心数据仍在企业中。由此可见，财务会计的外包模式很好地提高了企业的运行效率，降低了原有的管理成本。[①]

5.应对财务众包问题的对策

（1）加强财务众包平台的管理

发包方要掌握接包方详尽的信息，提高对接包方身份的管理，防止不法分子对平台进行恶意攻击。同时，还要严格业务资源的管控，尽量将一项任务细化为多项，对任务的次序进行重新排列，防止非法人员或者竞争对手

---

① 张红英，谭博文，宋夏云.互联网＋时代财务众包的发展桎梏及应对 [J].审计与理财，2019(9)：29-32.

通过众包任务窃取财务信息。同时，众包平台还要向注册平台的众包参与者介绍业务内容和范围，培训操作流程，并强调平台的规范性，以减轻任务上传之后后台的负担，避免资源的浪费。在众包参与者注册平台时要签署相关合同，明确责任范围，这在一定程度上可以避免业务纠纷，规范参与者的行为。对众包参与者进行分级管控，具有一定专业水平的参与人员（如具有初级会计师职称）可以适当提高任务的报酬及工作的难度；而对普通的参与人员，给予一些对专业技能水平没有要求的简单任务。对提交的不合要求的业务，公司视情况采取不支付薪金或者扣除部分薪金的做法。另外，企业要从技术层面提升财务众包平台的安全等级，如引入区块链技术保障平台的安全性，避免注册用户信息的泄露。

（2）有针对性地转换众包角色

简单的任务由发包方作为主导，接包方通过抢单来选择任务。而复杂一些的任务则由接包方来主导，告诉发包方自己的能力水平与专业领域，然后发包方据此选择性地发布任务，交由接包方完成；任务的价格既可以由接包方拟定，也可以双方协商拟定。接包方需要通过平台进行任务的积累，才能获得平台给予技能、能力、信誉相关的评定。

（3）实行"两级"式众包

将财务工作链分割开来，利用众包帮助企业完成疑难问题、制度改革等智慧型业务和稽核、录入等操作型业务。解决难题、制度创新等问题采取开放式创新众包模式，吸引专家参与众包，从中选择最佳方案，可以实现低成本、高回报。

事实上，财务众包平台也是具有服务性质的平台，提高服务质量、重视服务环境才能使平台维持长期良好的发展，帮助企业赚取更多利润。

第三章 认识内部控制

第一节 内部控制的目标

一、内部控制目标的类型

正确的内部控制实施，应密切关注经营机构内部控制的目标。内部控制目标，应包括三个类别，不同类别的内控目标，属于不同性质的内控要求，需用不同的内控手段。

（一）控制型目标

控制型目标即通过控制经营机构的经营管理行为（董事会、监事会、经理层和全体员工的行为），达到合法合规、资产安全、报告真实完整的状态。要达到这一类的目标，手段是控制，包括核准、授权、验证、调整、复核、职责、考核等。控制型目标要达到的一种状态是"合理保证"，不是必然的，不提供绝对保证。也就是说，即便存在标准和规范的内部控制，也无法确保其结果是完全合法合规或资产无任何损失，报告没有任何瑕疵等。[1] 这也是内部控制体系的价值定位。那些完全依赖内部控制或认为只要建立内部控制体系，即可万无一失的想法和认识是错误的，是不切实际的。内部控制从来不给百分百保证，只给"合理保证"。合规管理的目标很明确，就是防范经营机构的合规风险。而合规风险基于"违规零容忍"的理念，合规管理最后应达到的状态是"确保"，而非"合理保证"。

（二）协助型目标

协助型目标即协助提高经营机构经营的效率和效果。经营的效率和效果主要是依靠内部的流程优化和商业模式创新等来实现的。很显然，无法单

---

[1] 马志霞. 基于内部控制导向的企业财务管理研究 [J]. 财会学习，2020(18)：25-26.

独依靠内部控制工作就把经营的效率和效果给提升了。在某种程度上，经营机构的经营效果，是建立在对现行控制体系的突破之上才产生的，这也是内控与创新的矛盾之处。因此，在达到这类内控目标时，要格外注意平衡。从内控角度看，提高经营机构经营的效率和效果的手段，与控制型目标的手段，要注意区别。协助型目标更多情况下，通过对业务流程的优化，间接达到提高经营的效率和效果的目标，这与第一个类别目标的"控制"是不一致的。

（三）参与型目标

参与型目标即促进经营机构实现发展战略。经营机构发展战略的实现，依赖多种因素，是综合作用的结果。内部控制工作只是其中的一小部分，是参与型的，不能把经营机构实现发展战略主要建立在内部控制之上。相对淡化参与型目标，对内部控制工作取得成效更有利。

总之，这些目标是交织在一起的。不能当作彼此孤立的，甚至是冲突的目标来对待，也不是某项控制措施、控制制度就只能完成某一个特定的目标。正确的认识，应该是内部控制的全部要素合并在一起，构成完善的内部控制体系，才可以发挥其预期的目标。而且，这些预期的目标也不是必然的，只是适当的、相对的。

二、内部控制目标的内容

内部控制的目标是在合理保证经营机构经营管理合法合规、资产安全、财务报告及相关信息真实完整，提高经营效率和效果的基础上，促进经营机构发展战略目标的实现。内部控制的目标不仅是经营机构管理层实施管理的需要，也是经营机构相关方面（包括投资者、债权人、供应商等）维护自身利益的需要。具体来说，内部控制的目标主要包括以下几个方面。

（一）合规性目标

合规性是指经营机构应遵守国家的法律法规和政策规定，确保经营机构的经营活动合法合规。经营机构的合规性目标是保证经营机构合法经营，防止经营机构因违法违规行为而受到法律制裁或遭受经济损失。为了实现合

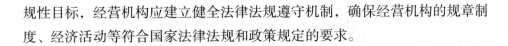

规性目标，经营机构应建立健全法律法规遵守机制，确保经营机构的规章制度、经济活动等符合国家法律法规和政策规定的要求。

（二）资产安全目标

资产安全是指经营机构应保障资产的安全完整，防止资产流失或盗窃。经营机构的资产包括货币资金、应收账款、存货、固定资产等，资产安全是经营机构的基础和保障。为了实现资产安全目标，经营机构应建立完善的资产管理制度和内部控制体系，加强对资产的保管、使用、处置等环节的管理和监控，确保资产的安全完整。

（三）经营效果目标

经营效果是指经营机构通过合理配置资源和管理流程，提高经营效率和效果，实现经营机构的发展战略目标。经营机构的经营效果是经营机构竞争力和可持续发展能力的体现，对经营机构的长期发展具有重要影响。为了实现经营效果目标，经营机构应建立健全内部控制体系和管理流程，加强对业务活动的协调、监督和控制，提高经营机构的管理水平和运营效率。

（四）发展战略目标

促进经营机构发展战略目标实现是指内部控制应与经营机构的发展战略目标相结合，通过内部控制的有效实施，推动经营机构实现发展战略目标。经营机构的发展战略目标是内部控制的重要导向和宗旨，内部控制的有效实施能够为经营机构发展战略目标的实现提供有力保障。为了实现经营机构的发展战略目标，经营机构应制定符合经营机构实际情况的内部控制策略和措施，推动经营机构的持续发展。

第二节 内部控制的内容

一、内部环境

（一）治理结构

治理结构指内部治理结构，又称法人治理结构，是根据权力机构、决策机构、执行机构和监督机构相互独立、权责明确、相互制衡的原则实现对内部的治理。治理结构是由股东大会、董事会、监事会和管理层组成的，其决定内部决策过程和利益相关者参与内部治理的办法，主要作用是协调内部不同产权主体之间的经济利益、矛盾，减少代理成本。

（二）内部审计机制

内部审计机制是内部控制的一种特殊形式。根据中国内部审计协会的解释，内部审计是指组织内部的一种独立客观的监督和评价活动，它通过审查和评价经营活动及内部控制的适当性、合法性和有效性来促进组织目标的实现。内部审计的范围主要包括财务会计、管理会计和内部控制检查。内部审计机制的设立包括内部审计机构设置、人员配备、工作开展及其独立性的保证等。

（三）人力资源政策

人力资源政策是影响经营机构内部环境的关键因素，它包括雇用、培训、评价、考核、晋升、奖惩等业务，向员工传达有关诚信、道德行为和胜任能力、期望水平等方面的信息，这些业务都与员工密切相关，而员工是执行内部控制的主体。一个良好的人力资源政策，能够有效地促进内部控制在经营机构中的顺利实施，并保证其实施的质量。

（四）经营机构文化

经营机构文化体现为人本管理理论的最高层次。经营机构文化重视人的因素，强调精神文化的力量，希望用一种无形的文化力量形成一种行为准则、价值观念和道德规范，提升经营机构员工的归属感，激发其积极性和创造性，引导经营机构员工为经营机构和社会的发展而努力，并通过各种渠道对社会文化的大环境产生作用。

二、风险评估

风险评估是经营机构及时识别、科学分析经营活动中与实现控制目标相关的风险，合理制定风险应对策略，是实施内部控制的重要环节。风险评估主要包括目标设定、风险识别、风险分析和风险应对。

(一) 目标设定

风险是指一个潜在事项的发生对目标实现产生的影响。风险与控制目标相关联。经营机构必须制订与生产、销售、财务等业务相关的目标，设立可辨认、分析和管理相关风险的机制，以了解经营机构所面临的来自内部和外部的各种风险。经营机构开展风险评估，应当准确识别与实现控制目标相关的内部风险与外部风险，确定相应的风险承受度。[①] 风险承受度是经营机构能够承担的风险限度，包括整体风险承受能力和业务层面的可承受风险水平。

(二) 风险识别

风险识别是收集有关损失原因、危险因素及其损失暴露等方面信息的过程。风险识别作为风险评估的重要环节，主要回答：存在哪些风险、哪些风险应予以考虑、引起风险的主要因素是什么、这些风险所引起的后果及严重程度如何、风险识别的方法有哪些等。而其中经营机构在风险评估过程中，应当关注引起风险的主要因素，准确识别与实现控制目标有关的内部风险和外部风险。

(三) 风险分析

风险分析是在风险识别的基础上对风险发生的可能性、影响程度等进行描述、分析、判断，并确定风险等级的过程。经营机构应当在充分识别各

---

① 许峰 . 基于内部控制的企业财务管理探析 [J]. 纳税，2020(20)：65-66.

种潜在风险因素的基础上，对固有风险，即不采取任何防范措施可能造成的损失程度进行分析，同时，重点分析剩余风险，即采取了相应应对措施之后仍可能造成的损失程度。经营机构应当采用定性与定量相结合的方法，按照风险发生的可能性及其影响程度等，对识别的风险进行分析和排序，确定重点关注和优先控制的风险。

（四）风险应对

经营机构应当在分析相关风险的可能性和影响程度的基础上，结合风险承受度，权衡风险与收益，确定风险应对策略。经营机构应合理分析、准确掌握董事、经理及其他高级管理人员、关键岗位员工的风险偏好，采取适当的控制措施，避免因个人风险偏好给经营机构经营带来重大损失。经营机构管理层在评估了相关风险的可能性和后果，以及成本效益之后要制定一系列策略使剩余风险处于期望的风险容限以内。

三、控制活动

控制活动是指经营机构根据风险应对策略，采取相应的控制措施，将风险控制在可承受程度之内，是实施内部控制的具体方式。常见的控制措施有：不相容职务分离控制、授权审批控制、会计系统控制、财产保护控制、预算控制、运营分析控制和绩效考评控制等。经营机构应当结合风险评估的结果，通过人工控制与自动控制、预防性控制与检查性控制相结合的方法，采取相应的控制措施，将风险控制在可承受程度之内。

（一）不相容职务分离控制

不相容职务，是指那些由一个人担任既可能发生错误和舞弊行为，又可能掩盖其错误和舞弊行为的职务。

（二）授权审批控制

授权审批是指经营机构在办理各项经济业务时，必须经过规定程序的授权批准。授权审批控制要求经营机构根据常规授权和特别授权的规定，明确各岗位办理业务和事项的权限范围、审批程序和相应责任。

(三) 会计系统控制

会计作为一个信息系统，对内能够向管理层提供经营管理的诸多信息；对外可以向投资者、债权人等提供用于投资等决策的信息。会计系统控制是通过对会计主体所发生的各项能用货币计量的经济业务进行记录、归集、分类、编报等进行的控制。

(四) 财产保护控制

财产保护控制是指为了确保经营机构财产物资安全、完整所采用的各种方法和措施。财产是经营机构资金、财物及民事权利义务的总和，按是否具有实物形态，分为有形财产 (如资金、财物) 和无形财产 (如著作权、发明权)；按民事权利义务，分为积极财产 (如金钱、财物及各种权益) 和消极财产 (如债务)。财产是经营机构开展各项生产经营活动的物质基础，经营机构应采取有效措施，加强对经营机构财产的保护。

(五) 预算控制

预算是经营机构未来一定时期内经营、资本、财务等各方面的收入、支出、现金流的总体计划。预算控制是内部控制中使用较为广泛的一种控制措施。通过预算控制，使经营机构的经营目标转化为各部门、各岗位以至个人的具体行为目标，作为各责任经营机构的约束条件，能够从根本上保证经营机构经营目标的实现。

(六) 运营分析控制

运营分析是对经营机构内部各项业务、各类机构的运行情况进行独立分析或综合分析，进而掌握经营机构运营的效率和效果，为持续的优化调整奠定基础。经营机构运营活动分析的方法包括定性分析法和定量分析法。定性分析法可以有专家建议法、专家会议法、主观概率法和特尔菲法 (通过函询的方式收集专家意见，对未来进行直观预测的一种定性方法)。定量分析法可以有对比分析法、趋势分析法、因素分析法和比率分析法。运营分析控制要求经营机构建立运营情况分析制度，综合运用生产、购销、投资、筹

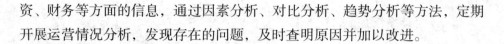

资、财务等方面的信息，通过因素分析、对比分析、趋势分析等方法，定期开展运营情况分析，发现存在的问题，及时查明原因并加以改进。

(七)绩效考评控制

绩效考评是对所属经营机构及个人占有、使用、管理与配置经营机构经济资源的效果进行的评价。绩效考评是一个过程，即首先明确经营机构要做什么(目标和计划)，然后找到衡量工作做得好坏的标准进行监测(构建指标体系并进行监测)，发现做得好的(绩效考核)，进行奖励(激励机制)，使其继续保持或者做得更好，能够完成更高的目标；发现不好的地方，通过分析找到问题所在，进行改正，使工作做得更好(绩效改进)。这个过程就是绩效考评过程。经营机构为了完成这个管理过程所构建起来的管理体系，就是绩效考评体系。

四、信息与沟通

信息与沟通是经营机构及时、准确地收集、传递与内部控制相关的信息，确保信息在经营机构内部、经营机构与外部之间进行有效沟通，是实施内部控制的重要条件。经营机构应当建立信息与沟通制度，明确内部控制相关信息的收集、处理和传递程序，确保信息及时沟通，促进内部控制的有效运行。信息与沟通的要件包括信息质量、信息沟通制度、信息系统、反舞弊机制。

(一)信息质量

信息是经营机构各类业务事项属性的标识，是确保经营机构经营管理活动顺利开展的基础。经营机构日常生产经营需要收集各种内部信息和外部信息，并对这些信息合理筛选、核对、整合，提高信息的有用性。经营机构可以通过财务会计资料、经营管理资料、调研报告、专项信息、内部刊物、办公网络等渠道，获取内部信息；还可以通过行业协会组织、社会中介机构、业务往来经营机构、市场调查、来信来访、网络媒体，以及见GB/T 15834-2011 附录 A 有关监管部门等渠道获取外部信息。

(二) 信息沟通制度

信息的价值必须通过传递和使用才能体现。经营机构应当建立信息沟通制度，将内部控制的相关信息在经营机构内部各管理层级、责任经营机构、业务部门，以及经营机构与外部投资者、债权人、客户、供应商、中介机构和监管部门等有关方面之间进行沟通和反馈。信息沟通过程中发现的问题，应及时报告并加以解决；重要信息须及时传递给董事会、监事会和经理层。

(三) 信息系统

为提高控制效率，经营机构可以运用信息技术加强内部控制，建立与经营管理相适应的信息系统，促进内部控制流程与信息系统的有机结合，实现对业务和事项的自动控制，减少或消除人为操纵因素。经营机构利用信息技术对信息进行集成和共享的同时，还应加强对信息系统的开发与维护、访问与变更、数据输入与输出、文件储存与保管、网络安全等方面的控制，保证信息系统安全稳定运行。

(四) 反舞弊机制

舞弊是指经营机构董事、监事、经理、其他高级管理人员、员工或第三方使用欺骗手段获取不当或非法利益的故意行为，是经营机构重点加以控制的领域之一。经营机构应当建立反舞弊机制，坚持惩防并举、重在预防的原则，明确反舞弊工作的重点领域、关键环节和有关机构在反舞弊工作中的职责权限，规范舞弊案件的举报、调查、处理、报告和补救程序。

为确保反舞弊工作落到实处，经营机构应当建立举报投诉制度和举报人保护制度，设置举报专线、明确举报投诉处理程序、办理时限和办理要求，确保举报、投诉成为经营机构有效掌握信息的重要途径。举报投诉制度和举报人保护制度应及时传达至全体员工。

信息与沟通的方式是灵活多样的，但无论哪种方式，都应当保证信息的真实性、及时性和有用性。

五、内部监督

内部监督是经营机构对内部控制的建立与实施情况监督检查，评价内部控制的有效性，对内部控制缺陷及时改进，是实施内部控制的重要保证。从定义出发，内部监督主要有两个方面的意义：第一，发现内部控制缺陷，改善内部控制体系，促进经营机构内部控制的健全性、合理性；第二，提高经营机构内部控制施行的有效性。除此之外，内部监督也是外部监管的有力支撑；内部监督机制还可以减少代理成本，保障股东的利益。具体来说经营机构的内部监督体现在以下四个方面。

第一，经营机构应当制定内部控制监督制度，明确内部审计机构（或经授权的其他监督机构）和其他内部机构在内部监督中的职责权限，规范内部监督的程序、方法和要求。

第二，内部监督包括日常监督和专项监督。

日常监督是指经营机构对建立与实施内部控制的情况进行常规、持续的监督检查。日常监督的常见方式包括：在日常生产经营活动中获得能够判断内部控制设计与运行情况的信息；在与外部沟通过程中获得内部控制设计与运行情况的验证信息；在与员工沟通过程中获得内部控制是否有效执行的证据；通过账面记录与实物资产比较对资产的安全性持续监督；通过内部审计活动对内部控制的有效性持续监督。

专项监督是指在经营机构发展战略、组织结构、经营活动、业务流程、关键岗位员工等发生较大调整或变化的情况下，对内部控制的某一方面或某些方面进行有针对性的监督检查。专项监督的范围和频率根据风险评估结果及日常监督的有效性等予以确定。专项监督应当与日常监督有机结合，日常监督是专项监督的基础，专项监督是日常监督的补充，如果发现某专项监督需要经常性地进行，经营机构有必要将其纳入日常监督之中。

第三，日常监督和专项监督情况应当形成书面报告，并在报告中揭示存在的内部控制缺陷。内部监督形成的报告应当有畅通的报告渠道，以确保发现的重要问题能及时送达管理层和经理层；同时，应当建立内部控制缺陷纠正、改进机制，充分发挥内部监督的效力。

第四，经营机构应当在日常监督和专项监督的基础上，定期对内部控

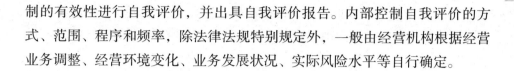

制的有效性进行自我评价，并出具自我评价报告。内部控制自我评价的方式、范围、程序和频率，除法律法规特别规定外，一般由经营机构根据经营业务调整、经营环境变化、业务发展状况、实际风险水平等自行确定。

第三节　内部控制的原则

单位建立与实施内部控制，应当遵循全面性、重要性、制衡性和适应性等四项原则，这四项原则体现了建立与实施内部控制的艰巨性、选择性、针对性和创造性。

一、全面性原则

内部控制应当贯穿单位经济活动的决策、执行和监督全过程，实现对经济活动的全面控制。全面性，主要体现为全过程、全方位、全员控制。

全过程要求经济活动从决策、执行、监督都要覆盖到位。例如，笔者所在单位主要负责财政性投融资预决算审核，因而收件、派件、审核、复核、签批、出具审核结论、归档、内审等流程均要有明确的办事流程与责任人，相应建立并实施各环节的规章制度，这样才能各司其职、忙而有序地开展工作。又如，一项政府采购业务，事前谁申报、谁批准，事中谁验收、谁使用，事后谁检查、谁报告，都要明确到科室，落实到具体岗位，由不同科室、不同的人员执行，每个环节每个岗位的风险点在哪里、存在哪些风险类别和风险等级、采取哪些防控措施，这些要素具备了，政府采购业务控制的框架就搭起来了。

全方位意味着所有单位都不例外，都应建立并实施内部控制，不留死角；全方位也意味着所有业务，不留空间，所有岗位不留例外，不能借口人手不足，出纳兼任采购业务；更意味着所有过程，不留余地，从决策、执行到监督全过程都要覆盖到位。

全员控制是对单位全体成员进行控制，要做到下级受上级监督，上级受下级牵制。

综上所述，内部控制的建立与实施应遵循全面性原则，对经济活动的全过程、全方位及全员控制，内部控制的空间范围几乎遍布单位的方方面面、上上下下，所有大大小小的事项，因而，内部控制建设是一项长期而艰巨的任务。

二、重要性原则

在全面控制的基础上，内部控制应当关注单位的重要经济活动和经济活动的重大风险。重要性原则关键词是两个"重"，关注单位重要经济活动和重大风险。内控要求坚持全面性原则，但也要突出重点，不能眉毛胡子一把抓。比如，为了防盗，我们所有的办公室都要装门，但只有财务室和仓库等重地才加装铁门，所有门都加装铁门不仅不美观，还造成浪费。又如，大额资金的开支要集体决策，这体现了重要性原则，但不是说买个拖把、买根水笔、事无巨细都要集体研究，如果这样，一方面会造成资源的浪费，另外一方面也管不好。

内部控制要抓住单位的重大风险点，如从事政府采购代理工作，单位的风险点主要在于招标文件是否具有倾向性、购买标书的名单以及抽取专家的名单是否外泄，因而重点梳理这三个环节的业务流程并加以控制。

不同行业的预算单位有不同的特点，即使是相同行业的单位，如同是一所小学，因规模大小不一、组织架构不同，选择的内控方式、内控重点等也不同，简单来说，内部控制要适应单位的管理模式，内部控制就是一个单位的管理，管理离不开内部控制。

内部控制要坚持问题导向，哪些环节容易出事，哪些环节要重点关注，要通过健全制度、梳理业务流程，选择内控重点与方式，才能提高内部控制的有效性，真正担负起内部控制建设的主体责任。

三、制衡性原则

内部控制应当在单位内部的部门管理、职责分工、业务流程等方面形成相互制约和相互监督的关系。制衡性原则要实现两个"相互"，即相互制约和相互监督。

制衡原则体现在财务上就是人员牵制，如会计和出纳，它们是最典型的不相容职务，出纳是执行资金收付，会计是记录和监督，工作中会计和出纳的工作职责有时会混淆，银行对账的职责应该由会计完成，事实上许多单位的银行对账单都由出纳出具，出纳核对，这很容易伪造对账单。[①] 比如，办理银行转账业务，要填写支票、盖齐预留印鉴、在支付密码器输入验证码，银行核对后予以受理。内部控制坚持的制衡原则不局限于财务部门内部，而是财务部门与业务部门之间、决策环节与执行环节、执行环节与监督环节等之间的制衡，哪个环节出现问题，另一环节就能发现和纠错。

贯彻实施制衡原则要分事行权，重要的事情不能由一个人从头包到底；要分岗设权，将部门的工作按照不同岗位进行划分，每个岗位明确设置职能与权力范围，并行使相应权力；要分级授权，根据级别确定审批权限，如内部控制制度规定接待费报销的审批权限，不能越级签批、不能越俎代庖，公司还规定 2000 元以下由副局长签批，2000 至 5000 元由局长签批，5000 元以上由单位领导集体决策，如果局长签批 2000 元以下的接待费就值得商榷。

贯彻实施制衡原则要建立内控工作机制，让每个人都不具有绝对的权力，领导插手具体业务是违反内控制度的。比如，领导决定要对办公室进行装修，决策由他做出，施工队由其指定，验收他又说了算，这样就违反了制衡性原则。

内部控制建设要根据单位自身的特点，实施流程再造，将制衡机制嵌入到各项管理工作当中去，使内部控制具有较强的可操作性，真正实现决策、执行和监督相互分离、相互制约。

四、适应性原则

内部控制应当符合国家有关规定和单位的实际情况，并随着外部环境的变化、单位经济活动的调整和管理要求的提高，不断修订和完善。

适应性原则要求内控要做到两个符合：要符合国家有关规定，如，现在规定财务支出应使用转账或公务卡，一般不使用现金，所以应对现金管理规定进行修改；要符合单位的实际情况，并随着外部环境的变化不断完善、不断创新。比如，以前采购办公用品都到实体店或请人送货上门，现在流行网购，要对网购的事前审批、付款、发票、验收、报销等流程作出有别于实体店的一些内控规定；又如，使用加油卡可以控制司机用油，执行一段时间

---

① 廖瑞贞. 企业财务管理内部控制体系的建设路径探索 [J]. 纳税，2020(10)：17-18.

后，发现有的加油站工作人员责任心不强，加油不对车号，这时就要修改内控制度，每月核对车辆行程表推算油耗量，来检查是否有"油耗子"，也可以核对每月加油对账单与派车单，看是否有密集加油的记录，来查验是否有假公济私的行为，并及时堵塞漏洞。

在日常工作生活中，内部控制无时不有，无处不在，只要细心观察，用心类比，将更精准理解和把握内控应遵循的四项原则，更科学、规范、有效地建立与实施内部控制，内部控制建设搞好了，将大大提升治理能力，提升反腐倡廉力度，提升行政清明度。

第四节　内部控制的作用

一、保证经营机构资产安全完整

内部控制对于保证经营机构资产安全完整具有至关重要的作用。通过建立和实施有效的内部控制，经营机构可以确保资产的管理和使用规范、透明，防止资产流失、被盗或被非法挪用，从而确保资产的安全完整。具体体现在以下五个方面。

第一，内部控制通过明确岗位职责和权限，形成相互制约、相互监督的机制，可以防止员工在处理业务时发生错误或舞弊行为。这种制约和监督机制确保了资产在使用、保管和处置过程中的合规性，降低了员工利用职权违规操作的风险。

第二，内部控制通过规范业务流程和管理制度，确保资产在采购、使用、处置等环节都有明确的操作规范和审批程序。这避免了随意性和人为干预，减少了在资产管理过程中的漏洞和风险。例如，对于存货的管理，通过建立完善的存货管理制度，可以有效地防止存货的丢失和损坏。

第三，内部控制通过内部审计和内部监督机制，定期对资产的管理和使用情况进行审查和评估。这种审查和评估有助于及时发现资产管理中的问题，如账实不符、资产闲置等，并采取相应的措施进行纠正和改进。这有助于确保资产信息的真实性和完整性，防止资产流失和信息失真。

第四，内部控制通过风险评估和应对机制，及时识别和分析资产管理过程中可能面临的风险。这些风险可能来自内部因素，如员工失误、管理缺陷等；也可能来自外部因素，如市场变化、政策调整等。通过评估和分析这些风险，经营机构可以采取相应的措施加以防范和控制，从而确保资产的安全完整。

第五，内部控制通过提高员工的合规意识和风险意识，增强员工对资产管理的责任感和自觉性。通过培训和教育活动，经营机构可以向员工传达内部控制的理念和要求，使员工明确自己在资产管理中的角色和责任，从而自觉遵守相关制度和规定，确保资产的安全完整。

二、提高经营机构经营效率效果

有效的内部控制可以提高经营机构的经营效率效果，确保经营机构整体战略目标的实现。具体体现在以下五个方面。

第一，内部控制能提高经营机构经营活动的合规性和透明度。内部控制要求经营机构内部的各项活动都应遵循相关法律法规和经营机构内部政策，这有助于确保经营机构经营活动的合法性和规范性。合规性的提高可以减少因违规行为引发的风险和损失，从而使经营机构更加专注于合法、高效地运营。

第二，内部控制通过风险评估和预防机制，降低经营机构的经营风险。通过对市场风险、操作风险、信用风险等各类风险的识别和分析，内部控制能够为经营机构提供全面的风险评估和预警，促使经营机构提前采取风险防范和应对措施，从而降低风险对经营机构的负面影响。风险应对能力的提升也有助于经营机构稳定经营，减少突发风险事件带来的损失。

第三，内部控制通过优化内部管理流程，提高经营机构经营效率。通过明确岗位职责、规范审批流程、强化内部监督等手段，内部控制能够促使经营机构内部各部门更加协同、高效地运作。这不仅能减少内部沟通成本和摩擦，还能促进信息流通和资源共享，从而提高整体运营效率。

第四，内部控制通过保障资产安全和提高财务报告质量，间接促进经营机构经营效率的提高。通过实施内部控制，经营机构能够确保资产的安全完整，防止资产流失和浪费。同时，高质量的财务报告能够为经营机构决策提供准确、及时的信息支持，帮助管理层做出合理、科学的决策，从而提高经营效率。

第五，内部控制能促进经营机构的创新和发展。合规、稳定的内部环境为经营机构创新和发展提供了基础，帮助经营机构抓住市场机遇、拓展业务领域。同时，内部控制通过对新业务、新项目的审查和评估，确保经营机构的创新和发展策略符合经营机构整体战略目标，提高了创新和发展的成功率，从而达到提高经营机构经营效率和效果的目的。

三、促进经营机构战略目标的实现

内部控制在促进经营机构战略目标的实现中发挥着至关重要的作用。通过内部控制体系的建设和实施，经营机构能够将战略目标转化为具体行动计划，确保资源的合理配置，并有效监督战略实施过程。具体体现在以下四个方面。

第一，内部控制能够帮助经营机构明确战略目标。在内部控制体系中，经营机构需要制定明确的战略目标，并在此基础上设计合理的组织结构和业务流程。通过明确战略目标，经营机构能够统一思想和行动方向，使全体员工朝着共同的目标努力。

第二，内部控制通过风险评估和应对机制，帮助经营机构制定实现战略目标的可行方案。在战略实施过程中，经营机构需要识别和评估潜在的风险，并采取相应的风险应对措施。内部控制的风险评估功能能够帮助经营机构分析内外部环境，预测可能出现的风险，从而制定相应的风险应对策略。这有助于经营机构在风险和挑战面前保持战略定力，确保战略目标的实现。

第三，内部控制通过监督和评价机制，促使经营机构持续改进战略实施过程。内部控制的监督功能要求经营机构对战略实施过程定期检查和评估，及时发现存在的问题和偏差。通过内部评价机制，经营机构可以了解战略实施的效果和业绩，以便对战略进行调整或优化。[1] 这有助于经营机构不断完善战略实施过程，逐步逼近战略目标。

第四，内部控制通过优化资源配置和促进协同效应，提高经营机构战略实施效率。内部控制要求经营机构合理规划、分配和监督资源的使用情况，确保资源的高效利用。通过内部协同和合作机制，经营机构能够整合内

---

[1] 尹可香. 基于内部控制视角下企业财务管理建设路径探究 [J]. 中外企业家, 2020(13): 40.

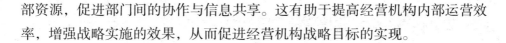

部资源，促进部门间的协作与信息共享。这有助于提高经营机构内部运营效率，增强战略实施的效果，从而促进经营机构战略目标的实现。

四、增强经营机构风险防范能力

内部控制对增强经营机构风险防范能力具有重要意义。通过建立和完善内部控制体系，经营机构能够有效地预防、应对和化解各种风险，从而保障经营机构的稳健发展。具体体现在以下五个方面。

第一，内部控制通过风险评估和预防机制，及时发现和应对潜在风险。内部控制体系要求经营机构进行全面的风险识别和分析，评估各类风险的概率和影响程度，从而确定风险管理策略。经营机构通过预防性控制措施，可以降低风险发生的可能性，减轻潜在风险对经营机构的影响。

第二，内部控制通过监督和制约机制，降低经营机构内部舞弊和腐败的风险。通过明确岗位职责和权限、实施不相容职务分离等控制措施，经营机构够形成有效的监督和制约机制，防止权力滥用和违规操作的发生。这有助于维护经营机构的诚信和道德文化，降低经营机构内部腐败和舞弊的风险。

第三，内部控制通过强化信息披露和沟通机制，提高经营机构的信息质量。高质量的信息是经营机构应对风险的关键。内部控制体系要求经营机构建立完善的信息披露和沟通制度，确保信息的真实、完整和及时传递。这有助于经营机构及时掌握经营状况，发现潜在问题，从而采取有效措施应对风险。

第四，内部控制还通过提高经营机构的抗干扰能力，增强经营机构的风险防范能力。内部控制体系通过建立自我调节、自我约束的控制机制，帮助经营机构抵御外部干扰和不良影响。这有助于经营机构保持稳定、持续的发展态势，提高对风险的抵御能力。

第五，内部控制通过不断优化和完善风险管理策略，提高经营机构的风险管理水平。内部控制体系要求经营机构定期评估风险管理效果，并根据市场环境、经营机构经营状况等因素的变化调整风险管理策略。这有助于经营机构持续改进风险管理措施，提高应对各类风险的能力。

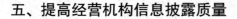

五、提高经营机构信息披露质量

内部控制对于提高经营机构信息披露质量具有重要作用。通过建立健全内部控制体系，经营机构能够提高信息披露的准确性、完整性和及时性，从而提高会计信息质量，满足利益相关方的信息需求。具体体现在以下五个方面。

第一，内部控制能够保证经营机构信息披露的准确性。内部控制通过规范业务流程和会计处理方法，确保经营机构财务报表的编制遵循会计准则，减少错误和舞弊的发生。同时，内部控制要求对财务数据进行严格的审核和校对，保证信息来源的可靠性和数据的准确性。这有助于避免信息失真，提高信息披露的可靠性。

第二，内部控制能够促进经营机构信息披露的完整性。内部控制体系要求经营机构全面、完整地记录和披露各项经济业务，确保信息披露覆盖所有重要领域。通过完善内部管理流程，经营机构能够收集并整理各方面的经营信息，使信息披露更加全面。这有助于利益相关方更好地了解经营机构的经营状况和财务表现。

第三，内部控制能够提高经营机构信息披露的及时性。内部控制强调对业务流程的实时监控和风险的及时应对。通过实时报告和预警系统，经营机构能够及时捕捉到异常情况并迅速做出反应。这有助于经营机构在第一时间向利益相关方提供准确、有用的信息，增强信息披露的时效性。

第四，内部控制通过规范内部审计和外部审计工作，进一步保障经营机构信息披露质量。内部审计机构对内部控制执行情况进行监督和评价，及时发现并纠正信息披露中的问题。外部审计机构对经营机构财务报表进行独立审查，确保其合规性和公允性。这有助于保障经营机构信息披露质量，增强利益相关方对信息披露的信任度。

第五，管理层对内部控制信息披露内容具有较大的自由裁量权。为提高信息披露质量，应加强对管理层的约束和监督，提高其遵守内部控制规范的自觉性。同时，应加强对内部控制信息的审核和把关，确保其真实、完整地反映经营机构的经营状况和风险状况。

六、提升经营机构形象和社会责任

内部控制在提升经营机构形象和社会责任方面具有积极作用。通过建立健全内部控制体系，经营机构能够提高自身的规范运作水平、风险防范能力和道德诚信标准，从而树立良好的经营机构形象，履行社会责任。具体体现在以下四个方面。

第一，内部控制有助于提高经营机构的规范运作水平。内部控制要求经营机构建立健全规章制度和业务流程，确保各项业务活动的合规性和合法性。通过实施内部控制，经营机构能够有效地防范舞弊和腐败行为，保障股东和债权人的权益，增强经营机构的公信力和社会认可度。

第二，内部控制有助于提高经营机构的风险防范能力。内部控制体系要求经营机构进行全面的风险评估和预防，及时发现潜在风险并采取应对措施。通过加强风险管理和内部控制的结合，经营机构能够建立健全风险防范机制，提高自身的抗风险能力，从而更好地应对内外部环境的变化。

第三，内部控制有助于提升经营机构的道德诚信标准。内部控制不仅是一种管理手段，更是一种道德和诚信的体现。通过制定严格的内部控制规范和道德准则，经营机构能够强化员工的道德观念和诚信意识，确保经营机构的行为符合社会道德和法律法规的要求。这有助于树立经营机构的良好形象，提升经营机构的社会声誉。

第四，内部控制直接影响经营机构社会责任的履行。社会责任是经营机构内部控制的重要组成部分，涉及经营机构与利益相关方的关系管理、环境可持续发展、员工权益保护等多个方面。通过建立健全内部控制体系，经营机构能够有效地规范自身行为，积极履行社会责任，为社会作出贡献。这有助于提升经营机构的社会形象和品牌价值，增强消费者和公众对经营机构的信任和认可。

总之，内部控制在经营机构的经营管理中发挥着重要作用。通过建立健全内部控制体系，经营机构可以实现资产安全完整、提高经营效率和效果、促进战略目标实现、增强风险防范能力、提高信息披露质量、提升经营机构形象和社会责任等目标。因此，加强内部控制建设是经营机构实现可持续发展的重要保障之一。

第四章　内部控制在财务管理中的应用

第一节　财务管理与内部控制的联系

　　财务管理内部控制是为保证经营机构正常经营，经营机构财务部门根据相关财务准则、规范制度，对经营机构的日常生产、经营活动进行的财务上的控制管理活动。实施财务管理内部控制，能为经营机构正常的财务运转提供强有力的保障，是经营机构管理工作的重要内容，是经营机构获得稳定经济收益的保障。从某种意义上来讲，内部控制的加强，促进了经营机构财务管理水平的提高，而经营机构财务管理水平的提高又能为内部控制制度的健全与运作提供保障，两者相辅相成，缺一不可。

　　经营机构财务管理和内部控制的联系，离不开制度的建设，即要同时完善经营机构财务管理制度和经营机构内部控制制度，确保经营机构日常生产、经营活动正常有序地进行。通常认为，经营机构内部控制的目标有五个：符合现有法律和法规的要求，即合规性；维护资产安全；提高财务报告信息的质量；提高经营效率和效果；实现经营机构战略目标。[①]

一、合规性与财务管理的关系

　　内部控制的五大目标虽然不完全是为了实现财务管理目标而设置的，但都与财务管理息息相关。

　　内部控制与财务管理密不可分，财务管理是内部控制管理的重要内容之一。

　　为遵守外部的各种法律法规，经营机构需要以制度的形式制定经营机构的内部控制政策，如果不能遵守这些内部控制政策，经营机构可能会违背相关法律和法规的要求。合法性是内部控制的基本要求，也是最重要的要

---

① 田群芳. 财务管理在企业管理中的地位与作用 [J]. 中国商论，2018(17)：83-84.

求，同样也是财务管理工作的基本要求。

二、维护资产安全与财务管理的关系

用于维护经营机构内部资产安全的内部控制是最常见的控制措施，这些措施包括经营机构门锁、安全系统、计算机密码及对重要资产进行双重控制。资产保护措施还包含分离交易处理职能。

财务管理方面与资产保护有关的管理措施不胜枚举，如出纳与记账会计不能兼任，就遵循了内部控制的岗位不相容、相分离原则。又如，出纳与会计定期进行现金盘点、银行账户余额与会计货币资金对账、会计与仓库管理员的对账，都是为了保证账实相符，也是为了保证资产的安全。

三、提高财务报告信息质量与财务管理的关系

经营机构管理层要确保财务报告能够遵守经营机构会计准则。可靠、及时的财务报告能够为经营机构和外部使用人员提供准确而完整的信息。

为保证财务报告的可靠性而采取的控制包括预算编制的控制，内部绩效报告、交易记账的会计分类，对会计账户余额的控制。提高财务报告信息质量这一目标与财务管理的目标完全一致。

四、提高经营效率效果与财务管理的关系

内部控制的目的是提高经营机构资源利用的效率，通过结合经营机构自身的内外部环境，建立健全内部控制制度，不断提高经营活动的盈利能力和管理效率。

如果经营机构的设施未得到充分利用，经营所产生的收益不足以弥补其成本。人员不足或者人员冗余，都会导致经营机构利润不能最大化。内部控制工作必须密切关注一切可以改善经营的机会。

五、经营机构战略目标与财务管理的关系

内部控制的最终目标是实现经营机构的目标，内部控制是将经营机构的近期利益和长远利益结合起来，在经营机构经营活动中制定符合经营机构战略要求、有利于提升可持续发展能力的策略。

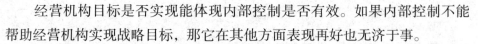

经营机构目标是否实现能体现内部控制是否有效。如果内部控制不能帮助经营机构实现战略目标，那它在其他方面表现再好也无济于事。

尽管理论界对于财务管理的目标有多种观点，但无论是利润最大化、股东财富最大化、经营机构价值最大化还是利益相关者财富最大化，都与经营机构战略目标是一致的，不存在冲突。所以说，内部控制的目标与经营机构财务管理的目标是相通的、一致的。

第二节　财务管理与内部控制的目标

一、财务管理与内部控制目标的联系

财务管理和内部控制的目标具有内在的联系：一方面，财务管理的目标需要内部控制提供保障。另一方面，内部控制的有效性直接影响财务管理的效率和效果。具体来说，财务管理和内部控制的目标在以下几个方面具有紧密的联系：

(一) 财务信息的真实性和完整性

内部控制的目标之一是保证财务信息的真实性和完整性。而财务管理的活动也涉及财务信息的采集、加工和披露等环节，因此也需要确保财务信息的真实性和完整性。

(二) 资产的安全和有效性

财务管理和内部控制都涉及资产的管理。财务管理通过投资决策、资金管理等措施来管理资产，而内部控制则通过建立资产管理制度，对资产的采购、使用、处置等环节进行控制来确保资产的安全性和有效性。

(三) 经营效率和效果

财务管理和内部控制都以提高经营机构的经营效率和效果为目标。财务管理通过规划、预算、控制等措施提高经营机构的经营效率，而内部控制则通过对业务流程的优化、对风险的预防和控制等措施来提高自身的经营

效率。

综上所述，财务管理和内部控制的目标都是实现经营机构的长期稳定发展和价值最大化。它们在财务信息的真实性和完整性、资产的安全和有效性，以及经营效率和效果等方面具有紧密的联系。因此，在实际工作中，应将财务管理和内部控制有机结合，以更好地实现经营机构的战略目标。

二、财务管理对内部控制目标的影响

(一) 有利于实现内控管理目标

财务管理的目标主要是协调经营机构的项目，使经营机构的资金有条不紊地流转和运行。而经营机构内控管理的目标主要是消除经营机构在实际管理过程中的财务隐患，规范自身的发展行为，使经营机构各项财务业务的目标和标准符合法律要求。从二者实际的发展目标可以看出，财务管理的目标是为促进经营机构的内控管理而制定的，对实现经营机构内控管理的目标有很大的帮助。

(二) 有利于提高经济效益

在经营机构的发展过程中，一个主要的目标就是实现可持续发展，而在实现可持续发展的过程中，最重要的就是实现财务管理制度的可持续，这就在很大程度上给财务管理制度的规范化提出了要求。[①] 良好的财务决策，可以节省财政支出，提高经营机构的经济效益。借助内部控制可以保证经营机构的生产经营活动相互协调、高效运转，增强市场竞争力，更好地完善经营机构的内部控制建设。

(三) 有利于实现资源整合

财务管理活动可以有效地实现资源整合，在经营机构的生产生活中加强内部控制是第一选择，财务管理活动涉及预测、分析、决策，以及评价手段等方式，有助于实现财务目标。

---

① 司维刚. 如何提高石油化工企业财务管理及内部控制水平 [J]. 财会学习, 2020 (9): 87–89.

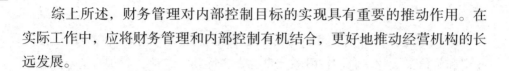

综上所述，财务管理对内部控制目标的实现具有重要的推动作用。在实际工作中，应将财务管理和内部控制有机结合，更好地推动经营机构的长远发展。

第三节 内部控制在资金管理中的应用

随着国家对资金管理的越发重视，证监会、交易所对经营机构上市的内部控制审核愈发严格，经营机构出于自身逐步扩大的迫切需要，逐步加大了对内部控制的设计和监督执行力度。众所周知，资金就像经营机构的血液，是经营机构得以正常运转的核心资源，但其流动性高，也是经营机构内容易出现差错，发生财务舞弊等问题的原因。为了保障经营机构资金的高效管理和应用，经营机构必须强化资金管理的内部控制，充分发挥内部控制在资金管理中的作用。

一、资金管理内部控制原则

首先，资金管理内部控制体系应与经营机构现有的管理政策相互契合，不能与经营机构的相关制度产生冲突，否则就会失去资金管理内部控制的意义。其次，一个好的资金管理内部控制制度应在遵循资金业务活动流程和资金流动路径的基础上进行设计和实行。最后，资金管理内部控制建设要贴合经营机构的实际，保证制度的科学性，为经营机构的管理活动提供帮助。

(一) 合法性原则

在经营和处理经营机构事务上遵纪守法是经营机构必须遵守的原则，资金管理内部控制体系的建设一定要在遵守相关法律的基础上进行设计。经营机构还应在内部制衡的基础上对会计机构和内部控制相关人员进行合理的职责分配，如出纳员不得兼管除资金账目以外的任何工作。在良好的内控制度下，每一个专业人员都应当具备业务所要求的专业水平并得到相匹配的权责，这对内控制度的实施环节十分重要。

(二) 相互制衡原则

在内部控制活动中，经营机构中的任意岗位或任意个人都不是独立的角色，他们所面临的监督和被检举的压力是相同的，这就是相互制衡原则。在资金管理内部控制制度的设计中，经营机构的所有人员都应当遵循相互制衡原则，无论是普通员工还是经营机构的负责人都不能例外。

(三) 实际性原则

经营机构应结合自身经营状况合理设计资金管理内部控制体系，且应在经营机构发展形势变化中适时调整制度。每个经营机构所处的行业不同，自身的组织结构不相同，因此应结合自身实际情况制定与经营机构匹配的资金管理内部控制制度，这样才能达到最好的内控效果。

(四) 全面性原则

在制定资金管理内部控制体系时应尽量面面俱到，不留遗漏。最大限度地涵盖内控活动，并在流程上贯彻始终，使资金管理内部控制工作做到事无巨细，没有遗漏。

(五) 重要性原则

重要性原则是指在设计资金管理内部控制体系时不仅要设计得全面，没有遗漏，还需要抓住内部控制的关键点，对单位主要业务、主要控制点、高危领域重点关注。

(六) 成本效益原则

在资金管理内部控制活动中，也应当遵循成本效益原则。应当保证在每项活动的控制中取得的收益大于投入的成本。换句话说，如果经营机构在设置了内部控制措施之后在该部门取得的收益还不如未设置时，甚至发生亏损，那说明这项内部控制措施是无意义的、失败的。[1] 所以，在设置较大型

---

[1] 刘慧凤，黄幸宇．内部控制、市场地位与商业信用资金营运质量 [J]. 审计与经济研究，2017(3)：46-57.

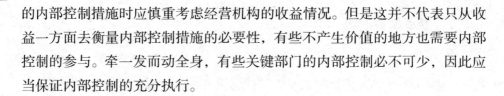

的内部控制措施时应慎重考虑经营机构的收益情况。但是这并不代表只从收益一方面去衡量内部控制措施的必要性，有些不产生价值的地方也需要内部控制的参与。牵一发而动全身，有些关键部门的内部控制必不可少，因此应当保证内部控制的充分执行。

二、资金管理内部控制目标

资金管理内部控制体系的控制目标除了有效地扼制经营机构内部财务侵占、舞弊、贪污等高危事件的发生，还肩负着经营机构持续发展的风险管控责任。经营机构发展的同时，也是内部控制的发展过程，二者相伴相生，互相成长。

（一）保证经营活动的合法性

经营机构应当保证所有经营活动均是在国家的法律法规允许之下进行的，不论是站在国家的角度还是经营机构的角度，维持好经营机构的合法经营是内部控制制度最基本的目标。

（二）保障资金安全，为管理者提供反馈和监督

经营机构的正常运转需要大量的资金支持，对于经营机构来说资金的安全至关重要。资金管理内部控制体系的目标不仅是确保资金安全，保障经营机构的运转，还在数据上为经营机构的管理者提供反馈和监督。

（三）提高财务报告及相关信息报告的可靠性

经营机构的投资者、管理者都依赖于经营机构发布的有关报告信息，若在这一环节把控不到位，投资者、管理者都会面临决策失误的风险，经营机构也会出现问题。内部控制制度的目标就是要保证相关信息报告准时、准确发布，保证经营机构数据的真实完整，这样不仅给经营机构的投资者带来信心，还有利于维护经营机构的形象。

（四）提升经营机构效率，扩大经营成果

提升经营机构的效率在很大程度上能帮助经营机构盈利，因此资金管

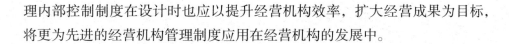

理内部控制制度在设计时也应以提升经营机构效率，扩大经营成果为目标，将更为先进的经营机构管理制度应用在经营机构的发展中。

（五）实现可持续发展战略

经营机构所追求的长远发展和资金管理内部控制制度所追求的宗旨是一致的，就是帮助经营机构更好、更远地走下去。因此在设计资金管理内部控制制度时，应关注经营机构的长期发展目标，在充分考虑经营机构长期规划的前提下制定内控政策，抓住当下，放眼未来，大力保障经营机构的长期可持续发展。

最终达成资金管理和内部控制管理改进目标与治理目标之间可以相互协调，二者的目标均是解决、控制管理问题，且二者均依据互相制衡原则并具有经营机构会计信息这一共同载体。二者互相促进，最终共同实现经营机构的目标。

三、资金管理内部控制措施

（一）强化资金管理意识

从经营机构发展的角度来看，应积极完善内部审计制度，健全内部管理制度。内部审计是资金管理的辅助手段，经营机构应重视内部审计，明确其中的重点内容，并遵循合理化的原则，分配相关的工作人员，将责任落实到个人。此外，也要关注内部审计监督，建立审计监督责任制，提升财务管理的真实性。为实现经营机构的资金管理目标，应强化内部人员的资金管理意识，只有经营机构内部人员充分认识到财务管理工作的意义，才能顺利落实资金管理模式，发挥资金管理的价值。

经营机构领导应约束下属职工的行为，并为其他工作人员树立榜样。尤其是经营机构的管理人员，需要学习丰富的财经知识、理财知识，把握内部资金流向，更好地管理内部资金，合理使用资金，促进资金的使用效益。管理者须及时更新自身的资金管理观念，树立正确的资金效益理念，每个月或者每个季度对投入产出比进行分析，时刻关注经营机构发展是否处于盈利状态。经营机构管理人员还应向下属宣传资金管理的意义，尤其是财务管理

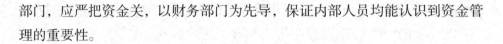

部门，应严把资金关，以财务部门为先导，保证内部人员均能认识到资金管理的重要性。

（二）集中进行资金管理

经营机构应当充分发挥财务部门的资金集中管理作用，具体要做好以下两方面工作：一是在财务管理部门下设置专门的资金管理部门，促进内部相互协调，进一步提升资金利用率，并缩减银行贷款量，降低经营机构负债，提升运营效率。经营机构要构建资金监控系统，资金管理部门应合理使用监控系统，对银行账户及资金使用情况进行监控，确保资金拨付的科学性，避免上级领导大量募集资金。为强化资金流向管理，经营机构还应监督大额资金使用情况，各个网点针对大额支付情况进行审核，对不符合批准要求的材料应当禁止受理。二是对经营机构现金流进行分析、预测，严格管控现金流，促使经营机构的支付能力及偿还能力得以有效提升。经营机构要将现金流管理纳入生产经营的各项环节，并做好相关的流动资金把控及风险控制工作。

（三）完善资金管理体系

经营机构应建立资金管理体系，将资金管理意识渗透到内部职工日常工作中。完善的资金管理体系能确保经营机构顺利开展工作，避免产生人力及物力资源大量浪费。从经营机构角度来看，实施资金管理，经营机构管理者可应用信息技术观察资金使用情况，同时做好风险防控，保护计算机网络安全，避免发生信息盗取等问题。

经营机构应当落实全面预算管理机制，全面预算管理有利于推进经营机构生产经营工作，充分利用经营机构内部的资金，为资金的顺利运转提供保障。全面预算管理包括资产预算管理、业务预算管理、财务预算管理等。经营机构财务管理人员是应用管理体系的基础，为促进财务管理工作的顺利开展，其除了要掌握丰富的财务管理知识，也要具有创新财务管理体系的能力。因此，要想提升经营机构资金管理水平，应当开展多样化的培训活动，定期或不定期地进行培训，加强对财务管理人员的专业教育，使财务管理人员树立创新意识、使经营机构的财务管理体系与时俱进，达到既定的资金管理目标。

(四) 加强资金风险管理

在经营机构资金管理中，做好资金风险防范非常重要。财务人员应当对风险管理引起重视，在工作中有意识地管控风险，降低风险问题发生的概率。具体体现在以下两个方面。

第一，做好资金筹集工作，防范筹资风险。经营机构应当在市场中树立良好的形象，对国家的相关政策引起重视，拓展筹资渠道，改变以往单一的贷款融资模式，通过发行债券吸引投资，合理分析内部资金使用的问题，以科学的方法调动资金，避免资金浪费，进一步提升资金的使用效率。在筹资决策期间，应当对资金来源进行选择，对经营机构权益资金及介入资金比例进行评估，结合经营机构情况规划介入资金规模、资金管理结构，避免因过度负债，削弱经营机构的还款能力。在资金管理过程中，也要对资金投放时间进行评估，若资金不足，则须减少资金投放，以免对经营机构的经营及运行产生影响。经营机构可以分散筹集资金，确保资金募集的有效性，为经营机构节省资金成本。

第二，做好投资资金管理工作。根据经营机构的投资方向，可以将投资分为两种，包括对内投资及对外投资。投资组合不同，风险也不同，经营机构应当对投资额度进行分析，结合经营机构的投资风险适当选择投资项目，提升资金风险管理效率。

总之，经营机构要想实现稳健发展，资金管理不可忽视。开展资金管理的目的是提升资金利用率，提升经营机构在市场中的地位。结合经营机构的实际发展情况，应当将资金管理融入实际工作中，实现对内部资金的管理及控制。经营机构领导者及财务管理人员是资金管理的重要参与者，应当树立资金管理意识，深入分析资金风险，并通过资金集中管理模式达到资金管理目标，进而实现经营机构的稳定发展。

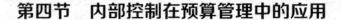

第四节 内部控制在预算管理中的应用

一、预算编制环节的内部控制

预算编制是经营机构预算管理的基础，也是内部控制的重要环节。在预算编制过程中，经营机构应建立健全内部控制体系，明确预算编制的程序、方法和标准，确保预算编制的合理性和准确性。具体来说，预算编制环节的内部控制包括以下几个方面。

（一）明确预算编制责任分工

经营机构应明确各部门和人员在预算编制中的职责和分工，建立岗位责任制，避免出现职责不清、分工不明确的情况。

（二）制定合理的预算指标

经营机构应根据实际情况制定合理的预算指标，包括收入、成本、利润等，确保预算指标的科学性和可行性。

（三）规范预算编制程序

经营机构应规范预算编制程序，采用自上而下和自下而上相结合的方式进行预算编制，确保预算编制的合理性和准确性。

（四）强化预算审批控制

经营机构应加强预算审批控制，对各部门提交的预算进行审核和批准，确保预算的合理性和可行性。

二、预算执行环节的内部控制

预算执行是经营机构预算管理的关键环节，也是内部控制的重要环节。在预算执行过程中，经营机构应建立健全内部控制体系，加强对预算执行的监督和控制，确保预算的有效执行。具体来说，预算执行环节的内部控制包括以下几个方面。

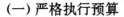

(一) 严格执行预算

经营机构各部门应严格按照批准的预算执行，不得擅自调整预算或改变资金用途。如需调整预算，应按规定程序进行审批。

(二) 建立预算执行台账

经营机构应建立预算执行台账，对各部门的预算执行情况进行实时监控和记录，及时发现和纠正预算执行中的偏差。

(三) 强化预算执行分析

经营机构应定期对预算执行情况进行分析和评估，找出存在的问题和原因，提出改进措施和建议。

(四) 建立预警机制

经营机构应建立预警机制，对预算执行过程中出现的重要偏差和风险进行实时监测和预警，并及时采取应对措施。

三、预算调整环节的内部控制

预算调整是预算管理的重要环节，也是内部控制的重点之一。在预算调整过程中，经营机构应建立健全内部控制体系，规范预算调整的条件、程序和方法，确保预算调整的合理性和有效性。[①] 具体来说，预算调整环节的内部控制包括以下几个方面。

(一) 严格控制预算调整条件

经营机构应明确预算调整的条件和标准，不得随意调整预算。如遇特殊情况需要调整预算，应按规定程序进行审批。

---

① 韩湘坤，马云平.内部控制视角下中小企业财务管理创新探究 [J]. 商场现代化，2020 (7)：157–158.

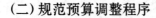

(二) 规范预算调整程序

经营机构应规范预算调整程序，对需要调整的预算重新评估和审核，确保预算调整的科学性和合理性。

(三) 强化预算调整监督

经营机构应加强对预算调整的监督和控制，防止出现随意调整预算或滥用资金的情况。

(四) 及时反馈预算调整结果

经营机构应及时反馈预算调整的结果和影响，对调整后的预算执行情况实时监控和记录。

四、预算考核环节的内部控制

预算考核环节的内部控制包括以下几个方面。

(一) 制定考核标准和程序

经营机构应制定科学合理的考核标准和程序，明确考核的内容、方法和标准，确保考核工作的规范化和标准化。

(二) 建立考核机构

经营机构应建立健全考核机构或指定专门的考核人员，负责对各部门的预算执行情况进行考核和评价。

(三) 实施考核工作

经营机构应对各部门进行定期或不定期的考核，并按照考核标准和程序进行评估和打分。

(四) 反馈考核结果

经营机构应及时反馈考核结果，对各部门预算执行情况进行总结和评

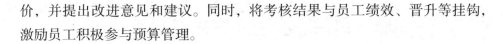

价，并提出改进意见和建议。同时，将考核结果与员工绩效、晋升等挂钩，激励员工积极参与预算管理。

(五) 建立奖惩机制

经营机构应建立奖惩机制，对预算执行情况良好的部门和个人进行奖励，对预算执行情况不佳的部门和个人进行适当的惩罚。这样可以提高员工的积极性和主动性，促进预算管理的有效实施。

综上所述，内部控制在预算管理中具有重要作用。经营机构应建立健全内部控制体系，加强预算编制、执行、调整、考核等各个环节的内部控制，促进自身的可持续发展。同时，经营机构也应根据实际情况和市场环境的变化，不断完善和调整内部控制体系和预算管理措施，以适应不断变化的市场环境和经营机构的管理要求。

第五节　内部控制在风险管理中的应用

内部控制在风险管理中发挥着重要作用。经营机构应建立健全内部控制体系，将内部控制与风险管理相结合，优化风险管理流程，提高员工的风险意识和管理素质，要利用现代信息技术提升风险管理能力，加强内部审计与外部监管，以实现风险控制和防范的目标，促进经营机构的可持续发展。

一、风险意识强化环节

通过强化员工的风险意识，培养员工的管理素质，可以更好地实现经营机构风险管理的目标。具体来说，该环节应采取以下措施。

第一，培训和教育。通过开展各种形式的培训和教育活动，提高员工对风险的认知和理解能力，增强员工的风险意识和风险管理素质。同时应加强对员工风险管理技能的培训，提高员工风险管理能力。[①]

第二，风险文化培育。建立一种重视风险、积极应对风险的经营机构

---

① 董育军，杨梦银，贺琛.内部控制对利润结构质量的影响研究 [J].中国注册会计师，2019 (3)：45-49.

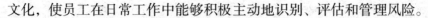

文化，使员工在日常工作中能够积极主动地识别、评估和管理风险。

第三，激励机制。经营机构应将风险管理与员工个人绩效和奖励挂钩，激励员工关注和参与到风险管理工作中。

第四，持续改进。经营机构应鼓励员工在日常工作中总结风险管理经验、提出改进建议，不断完善风险管理的流程和方法。

二、风险评估与应对环节

内部控制的首要任务就是风险评估，要识别、分析经营机构所面临的各种内外部风险，确定经营机构的风险承受能力和风险容量。在此基础上，经营机构应制定相应的风险应对策略，将风险控制在可接受的范围内。

具体来说，内部控制的风险评估与应对环节包括以下步骤。

第一，确定风险评估的目标和范围，确定应关注的主要风险领域。

第二，收集相关的风险信息，对经营机构所面临的内外部风险进行识别和分析，确定风险的性质、发生可能性和影响程度。

第三，对已识别的风险进行评估，确定经营机构的风险承受能力和风险容量。

第四，根据风险评估结果，制定相应的风险应对策略，包括风险规避、风险降低、风险分担和风险承受等措施。

第五，实施风险应对措施，监控和报告风险变化情况，及时调整风险管理策略。

三、风险管理优化环节

内部控制的一个重要目标就是确保经营机构风险管理流程的合理性和有效性。通过对风险管理流程的优化，可以提高经营机构的风险管理效率和效果，降低经营机构面临的风险。

具体来说，风险管理优化环节包括以下几个方面。

第一，优化风险管理组织结构，明确各部门和人员的风险管理职责和分工，建立风险管理团队或指定专门的风险管理人员。

第二，建立完善的风险管理制度和流程，包括风险管理政策、风险管理程序、风险管理指南等，确保风险管理工作的规范化和标准化。

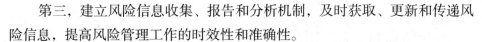

第三，建立风险信息收集、报告和分析机制，及时获取、更新和传递风险信息，提高风险管理工作的时效性和准确性。

第四，强化风险预警和应对机制，及时发现和应对潜在的风险事件和危机情况，防止风险扩大和蔓延。

第五，建立风险管理绩效评估体系，对各部门和人员的风险管理绩效进行评估和考核，激励员工积极参与风险管理。

四、内部审计执行环节

经营机构应加强内部审计，定期对内部控制和风险管理进行审计和评估，发现问题及时整改，提高内部控制和风险管理的规范性和透明度。具体包括以下九个方面。

第一，审计立项与授权。确定具体的内部审计项目和对象。对已立项的审计项目，需经领导审核、批准与授权。

第二，审计准备。在确定审计事项后，审计人员开始审计准备工作，包括初步确定具体审计目标和审计范围等，并制订审计计划。

第三，初步调查。初步调查包括审计座谈会、实地考察、研究文件资料、编写初步调查说明书等步骤。

第四，分析性程序及符合性测试。分析内部控制设计的恰当性，并初步分析和评价内部控制执行的有效性。

第五，实质性测试及详细审查。在内部控制初步评价的基础上，运用适当的审计技术详细审查、评价被审计单位的经营活动，收集充分的、可靠的、相关的和有用的审计证据。

第六，审计发现和审计建议。通过分析和评价形成审计发现，并提出适当的审计建议。

第七，审计报告。审计报告包括审计复核与监督、整理审计工作底稿及相关资料，编写意见交换稿、与被审计单位交换意见、编制正式的审计报告、审核并报送审计报告等步骤。

第八，后续审计。对相关的风险进行评价，并将后续审计的结果及相关的风险评价报告报给管理层及审计委员会。

第九，审计评价。对整个审计过程和结果进行评价，总结经验教训，提出改进建议。

五、外部监管实施环节

具体来说，内部控制的外部监管实施环节包括以下几个阶段。

第一，策划阶段。与管理层协商，确定审计目标和范围，制订审计计划，并与内部审计部门沟通配合。

第二，风险评估阶段。分析和评估经营机构的风险管理和内部控制体系，确定潜在的风险点和弱点。

第三，数据收集阶段。收集经营机构财务报表和资金管理的相关数据，包括银行对账单、交易记录等。

第四，确认和测试阶段。确认财务报表的准确性，进行符合性测试和实质性测试等。

第五，报告阶段。根据审计结果编写审计报告，向管理层和相关监管机构报告。

第六，后续监管阶段。对经营机构的整改情况进行跟踪监管，确保问题得到解决。

第六节　内部控制在财务报告编制中的应用

内部控制在财务报告编制中具有重要的作用。经营机构应建立健全内部控制体系，将内部控制贯穿于整个财务报告编制的过程中，从职责分工与授权审批、规范编制流程、强化凭证与账簿管理、加强内部复核与审计、重视信息技术应用、完善披露与报送机制、建立风险预警机制及加强培训教育等方面入手，提高财务报告编制的效率和准确性。

一、明确职责分工与授权审批

内部控制的首要原则是职责分工与授权审批。在财务报告编制过程中，应明确各个岗位的职责和权限，确保不相容岗位相互分离，形成相互制约、相互监督的机制。同时，对重要的财务报告编制工作，应严格授权审批，确

保审批流程的规范性和有效性。

二、规范财务报告编制流程

财务报告编制是一项复杂而细致的工作，需要遵循一定的流程和规范。经营机构应制定详细的财务报告编制流程，明确各个步骤的责任人和时间节点，确保财务报告的编制过程有序、高效。[①] 同时，应加强对财务报告编制流程的内部控制，确保流程的规范性和合规性。

三、强化对会计凭证和账簿的管理

会计凭证和账簿是财务报告编制的基础，其真实性和完整性对财务报告的质量有重要影响。经营机构应加强对会计凭证和账簿的管理，确保其真实、完整、准确。对不符合要求的凭证和账簿，应及时更正和调整，防止对财务报告的编制造成不良影响。

四、加强内部复核与审计

内部复核与审计是提高财务报告编制质量的重要手段。通过对财务报告编制过程中的各个环节进行复核和审计，可以及时发现和纠正编制过程中存在的问题和偏差。经营机构应建立健全内部复核与审计制度，明确复核与审计的范围、程序和方法，确保其执行的有效性和权威性。同时，应注重对内部复核与审计人员的培训，确保其具备足够的专业知识和技能。

五、重视信息技术的应用

信息技术的发展为财务报告编制提供了新的手段和方法。经营机构应充分利用信息技术，建立财务报告信息系统，实现财务数据的实时采集、处理和分析。通过财务报告信息系统，可以提高财务报告编制的效率和准确性，降低人为错误和信息失真的风险。同时，应加强对财务报告信息系统的安全保障和数据备份，防止信息泄露和数据丢失。

---

① 杨楠. 企业财务管理与内部控制的关系及应发挥的作用 [J]. 营销界，2020(22)：148-149.

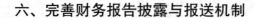

六、完善财务报告披露与报送机制

财务报告的披露与报送是财务报告编制的重要环节。经营机构应建立健全财务报告披露与报送机制，明确披露与报送的范围、内容、时间和方式等要求。同时，应加强对披露与报送过程的内部控制，确保其合规性和及时性；对于未按时披露或报送的财务报告，应及时进行说明和解释。

七、建立风险预警机制

通过建立风险预警机制，可以及时发现和应对财务报告编制过程中存在的风险和问题。因此经营机构应建立健全风险预警机制，对财务数据实时监测和分析，及时发现异常情况和潜在风险。对发现的风险和问题，应及时调查和处理，防止风险扩大和蔓延；应注重风险预警机制的持续改进和优化，提高其预警的准确性和时效性。

八、加强培训和教育

培训和教育是提高财务报告编制人员的专业素质和技能的重要手段。经营机构应定期开展财务报告编制相关培训和教育活动，使编制人员及时掌握新的会计准则、政策法规和技能方法等。同时对编制人员进行职业道德教育，提高其诚信意识和责任心。通过培训和教育，还可以提高财务报告编制人员的综合素质和能力水平，从而提升整个财务报告的质量和可靠性。

第五章　财务风险与内部控制

第一节　财务风险的概念与特征

一、财务风险的概念

关于财务风险的概念界定存在两种不同的观点。狭义的观点认为，财务风险是经营机构偿还到期债务的不确定性，经营机构的财务风险只与负债经营相关。广义的观点认为，经营机构财务风险是经营机构财务活动的整个过程中由于各种不确定因素的影响，使经营机构实际收益与预期收益发生偏离的不确定性。

两种观点相较而言，广义的观点更容易让人接受，因为经营机构的财务活动和生产经营活动是密不可分的，财务活动是生产经营活动的前提条件，它是筹集资金、使用资金、收益分配等活动环节的有机统一，财务活动的全过程都有可能发生风险。如果仅将财务风险定义为由于筹集的资金不能偿还到期债务而带来的风险过于片面。

笔者认为，财务风险的概念可概括为：经营机构在各项财务活动过程中，由于各种不确定因素的影响，使财务收益与预期收益发生偏离，因而造成蒙受损失的机会和可能。如果借入资金的投资收益率大于平均负债利息率，就可从杠杆中获益；反之，则会遭受损失，甚至导致破产。这种不确定性就是经营机构运用负债所承担的财务风险即杠杆带来的财务风险。经营机构财务风险的大小主要取决于财务杠杆系数的高低。

一般情况下，财务杠杆系数越大，主权资本收益率对于息税前利润率的弹性就越大。如果息税前利润率上升，主权资本收益率就会以更快的速度上升；如果息税前利润率下降，那么主权资本利润率就会以更快的速度下降，从而风险也越大。[①] 反之，财务风险就越小。

[①] 陈云燕.强化企业财务管理内部控制要点的思考 [J]. 纳税，2020(27)：97-98.

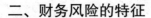

二、财务风险的特征

(一) 风险的不确定性

财务风险一直潜藏于财务工作之中，但只有当条件成熟时，这种具有发生可能性的风险才会转变为实际的损失，且这种实际损失对某项活动究竟能否造成损失、损失出现的时机和损失的严重程度都无从判断。

(二) 风险的客观性

财务风险是因不确定性要素的出现而导致的风险，这些风险要素的出现是客观情况变动的表现，可以说，只要经营机构开展财务活动，在运行过程中就可能出现财务风险。

(三) 风险的严重性

不管是什么风险，一旦给经营机构造成了实际的损失，其结果都具有一定的严重性，不仅会使经营机构的运营活动陷入崩溃状态，造成巨大损失，而且可能使经营机构破产。

(四) 风险的预防性

财务风险难以避免，但是经营机构可以对财务数据进行数据分析，以便对可能出现的问题做出预见和评价，从而合理地预防财务风险，管理层也要通过必要的举措，尽量规避和防范财务风险。

(五) 风险的高收益性

通过适当的方式管理风险，能够获得较大的收益回报，风险和报酬并存，风险越高，与其相对应的风险回报也越高。财务风险的存在促使经营机构改善管理，提高资金利用效率。但收益性与损失性是共存的。由于种种因素的作用和条件限制，财务风险也会影响经营机构生产经营活动的连续性、经济效益的稳定性和安全性，最终可能会威胁自身的收益。

第二节　财务风险的类型与原因

一、财务风险的类型

(一)筹资风险

筹资风险是指经营机构因负债经营而产生的丧失偿债能力的风险。在资本结构决策中,合理安排债务资本比率和权益资本比率是非常重要的。由于市场不完善的特性,在特定时期内合理提高债务资本比率,降低权益资本比率,可以全面降低经营机构的综合资本成本,提高自身价值。利用债务筹资可以获得财务杠杆利益,但是经营机构如果一味地追求降低资本成本,导致负债规模过大,则必然会使经营机构承担的利息支出过大,进而出现财务危机。当经营机构有资金需求时,应坚持"先内部融资,后外部融资,先负债融资,后股权融资"的原则。[①] 从理论上讲,保守结构型资本结构(完全不负债)的财务风险等于零。经营机构在达到最优负债规模时,财务风险是最小的,同时零负债也意味着高风险;而当超过最优负债规模后继续扩大负债数额,财务风险也随之递增。

(二)利率风险

经营机构通过贷款借入的资金必须按规定到期还本付息,因此,利率的变动使经营机构面临着因利率上升无法按期偿付本金和利息的风险,严重时会导致经营机构因资不抵债而进行破产清算。利率风险是指市场利率变动的不确定性给商业银行造成损失的可能性。利率变化使商业银行的实际收益与预期收益或实际成本与预期成本发生背离,使其实际收益低于预期收益,或实际成本高于预期成本,从而使商业银行有遭受损失的可能性。原本投资固定利率的金融工具,当市场利率上升时,可能导致其价格下跌的风险。

(三)投资风险

投资风险主要指因为投资活动给经营机构财务成果带来的不确定性。

---

① 苗顺敏. 企业运营成本管理与风险控制研究 [J]. 中国中小企业,2020(1):119-120.

经营机构的投资活动包括经营机构的主业投资和其他项目投资，经营机构的投资风险主要是根据项目的报酬率来确定，若项目利润率大于负债利率，则风险较小；反之，投资风险较大。任何一个经营机构都应该积极地培养自己的核心竞争力，使经营机构的产品和服务达到行业领先水平，这样才有利于经营机构发展和盈利能力的增强，如果分散经营机构的资本，投入到一些与经营机构的主业不相关的项目上，只会弱化经营机构的竞争力，尽管某些项目在短期来看确实有利可图。

(四) 资金回收风险

资金回收风险是指经营机构在收益不错的情况下，因为销售实现原则的不同产生的财务困难。在权责发生制原则下，不错的经营收益并不表示销售回款的结清和销售利润的实现。信用工具作为繁荣市场的助推器，已经被经营机构广泛应用，它一方面促进了经营机构业务的开展，另一方面也加大了经营机构的资金回收风险，导致大量的应收账款长期挂账，坏账损失的可能性由此加大，财务风险由此产生。

(五) 流动性风险

流动性风险是指经营机构资产不能正常和确定性地转移现金或经营机构债务和付现责任不能正常履行的可能性。从这个意义上来说，可以把经营机构的流动性风险从经营机构的变现能力和偿付能力两方面进行分析与评价。由于经营机构支付能力和偿债能力发生的问题，称为现金不足及现金不能清偿风险。经营机构的流动性资产应当保持一定的比例，以保证资产的变现能力和债务偿付能力。存在大量固定资产和不能变现的有价证券的经营机构，很容易产生流动性风险，因为资金周转速度直接影响经营机构的生产销售循环，进而影响经营机构的获利能力和偿债能力。

(六) 信用风险

信用风险主要是在资金收回过程中产生的，当交易对方不愿意或没有能力履行合约时就会产生信用风险。由于市场经济中一部分经营机构履行债务的意识较弱，付款方到期不能偿还商品款，造成了赊销方的损失。类似的

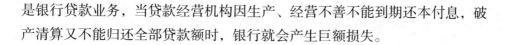

是银行贷款业务，当贷款经营机构因生产、经营不善不能到期还本付息，破产清算又不能归还全部贷款额时，银行就会产生巨额损失。

(七) 资本运营风险

所谓运营风险是指经营机构在运营过程中，由于外部环境的复杂性和变动性以及经营主体对环境的认知能力和适应能力的有限性，导致的运营失败或使运营活动达不到预期目标的可能性及其损失。经营机构的财务活动贯穿生产经营的整个过程，财务风险是一种信号，通过它能够全面反映经营机构的经营状况。因此经营机构经营者要经常进行财务分析，树立风险意识，建立有效的风险防范处理机制，加强经营机构财务风险控制能力，并制定出合理的财务防范措施。

(八) 收益分配风险

收益分配风险是指由于管理者制定了不合理的收益分配方案给经营机构的生产经营活动带来不利影响的可能性，收益分配的风险会给经营机构的后续经营和管理带来不利的影响。收益分配是经营机构财务循环的最后一个环节，它包括留存收益和分配股息两方面。留存收益是扩大投资规模的来源；分配股息是股东财产扩大的要求，二者既相互联系又相互矛盾。经营机构如果扩展速度快，销售与生产规模的高速发展，需要添置大量资产，税后利润大部分留用；但如果利润率很高，而股息分配低于相当水平，就可能影响经营机构股票价值，由此形成了经营机构收益分配上的风险。因此，经营机构必须注意两者之间的平衡，加强财务风险监测。

二、财务风险的原因

财务风险是指经营机构在各项财务活动过程中，因各种难以预料或控制的因素影响，使财务状况具有不确定性，从而使经营机构有蒙受损失的可能性。

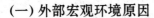

（一）外部宏观环境原因

1. 政策法律环境

国家的宏观经济政策和相关法律法规是经营机构赖以生存和发展的基础。然而，这些政策和法律法规并非一成不变，而是随着社会形势、经济形势的变化而不断调整。如果经营机构不能及时跟进和适应这些变化，就可能导致经营受阻、财务受损。

2. 经济环境

经济环境是影响经营机构财务活动的重要因素。经济周期、通货膨胀、利率变动、汇率波动等都可能引发经营机构的财务风险。例如，利率的上升可能导致经营机构借款成本增加、汇率的波动可能导致经营机构汇兑损失。

3. 社会文化环境

社会文化环境包括社会风气、教育水平、价值观念等。这些因素通过影响消费者行为、投资者的投资决策、经营机构的经营策略等，间接影响经营机构的财务状况。

4. 国际环境因素

随着全球经济一体化的深入发展，国际局势、经济环境的变化也可能引发经营机构的财务风险。例如，贸易保护主义政策、汇率波动等因素可能影响经营机构的进出口业务和海外投资活动。

5. 行业发展趋势

经营机构所处的行业发展趋势及竞争状况也是引发其财务风险的因素之一。行业周期性波动、技术进步及市场饱和等因素可能影响经营机构的市场份额和盈利能力，从而引发财务风险。

（二）内部微观环境原因

1. 财务管理不善

财务管理是经营机构管理的核心之一，财务管理不善是引发财务风险的主要原因之一。例如，投资决策失误、资金运用不当、应收账款管理不严格等都可能导致经营机构面临财务风险。

2. 内部控制不健全

内部控制是防范财务风险的重要手段。如果经营机构内部控制不健全，对各项财务活动缺乏有效的监督和管理，就可能导致财务风险的发生。

3. 风险管理意识淡薄

经营机构的管理层和员工对风险管理的重要性认识不足，缺乏风险防范和应对的能力。这使得经营机构在面临财务风险时无法及时采取有效措施加以应对。

4. 组织结构不合理

经营机构组织结构的不合理，如部门间权责不明晰、信息沟通不畅等，可能导致经营机构无法及时发现和应对财务风险。

5. 决策缺乏科学性

经营机构在投资、融资等重大决策过程中，如未能充分考虑各种可能出现的风险，盲目追求规模扩张或高收益，可能导致财务状况的恶化。

6. 资产流动性差

资产流动性差意味着经营机构无法及时变现以应对短期财务需求。这种情况一旦发生，经营机构将面临资金链断裂的风险。

7. 风险管理人才匮乏

具备专业知识和技能的风险管理人才是识别、评估和控制财务风险的关键。如果经营机构缺乏这类人才，其在应对财务风险时将处于不利地位。

8. 信息系统建设滞后

在当今信息时代，高效、准确的信息系统对于经营机构的决策和风险管理至关重要。如果经营机构的信息系统建设滞后，可能导致财务决策失误和信息失真，进而引发财务风险。

(三) 其他原因

1. 自然灾害

自然灾害如地震、洪水等不可抗力因素，可能导致经营机构的财产和经营受到严重影响，引发财务风险。

2. 舞弊与腐败

经营机构内部的舞弊和腐败行为可能导致经营机构的资产流失、经营

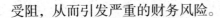

受阻，从而引发严重的财务风险。

3. 突发事件与危机应对

经营机构在经营过程中可能面临各种突发事件，如诉讼失败、生产事故等。如果经营机构缺乏有效的危机应对机制，这些事件可能对其财务状况造成重大冲击。

4. 供应商与客户信用风险

经营机构与供应商和客户的合作关系对其经营的稳定性和现金流的充足性具有重要影响。如果经营机构对供应商和客户的信用状况缺乏充分了解和控制，可能会引发供应链中断或坏账等财务风险。

第三节 法律风险控制措施

法律风险是指经营机构在经营活动中因违反法律规定或合同约定而面临的法律责任和损失风险。随着市场经济的发展和法律环境的日益复杂，经营机构面临的法律风险也越来越大。因此，采取有效的法律风险控制措施至关重要。

一、建立法律风险防范机制

经营机构应建立健全法律风险防范机制，从组织架构、制度建设、流程规范等方面加强法律风险的防范工作。

建立法律风险防范机制是控制法律风险的重要措施之一。通过建立健全法律风险防范机制，经营机构可以有效地预防和减少法律风险的发生，保障经营机构的稳健发展。以下是建立法律风险防范机制的具体措施。

(一) 加强法律法规宣传和教育

经营机构应加强法律法规的宣传和教育，提高员工的法律意识和风险防范意识。经营机构可以通过定期开展法律培训、法治宣传等活动，使员工了解和掌握相关法律法规和政策规定，增强员工的法律风险防范意识和能力。

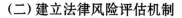

（二）建立法律风险评估机制

经营机构应建立法律风险评估机制，定期对经营机构面临的法律风险进行全面、客观的评估。评估内容包括经营机构业务涉及的法律风险、外部法律环境的变化、经营机构内部管理制度的合规性等。经营机构通过评估结果，可以及时发现和解决潜在的法律风险和问题。

（三）完善合同管理制度

合同是经营机构经营活动中最常见的法律风险来源之一。经营机构应完善合同管理制度，规范合同的签订、履行、变更和终止等环节。在合同签订前，经营机构应进行对方资信调查和合同条款的审查，确保合同合法、合规、公平、合理。在合同履行过程中，经营机构应加强合同履行情况的监控，及时发现和解决潜在的法律风险问题。

（四）加强知识产权保护

知识产权是经营机构的重要资产之一，加强知识产权保护对控制法律风险至关重要。经营机构应建立知识产权管理制度，明确知识产权的申请、维护和维权流程；加强知识产权的保密工作，确保商业秘密和技术秘密不被泄露。在涉及知识产权的交易和合作中，经营机构应明确知识产权的权属和利益分配，避免因权属不清引发争议和损失。

（五）建立健全法律风险应对机制

经营机构应建立健全法律风险应对机制，制定应对预案和措施，以便在法律风险发生时能够及时、有效地应对。法律风险应对措施应包括法律风险的识别、评估、控制和处置等方面，确保经营机构在面临法律风险时能够迅速做出反应，减少损失。

（六）加强与专业机构的合作与交流

经营机构可以与专业律师事务所等机构建立合作关系，借助其专业知识和经验为经营机构提供全面的法律服务支持。通过与专业机构的合作与交流，经营机构可以及时获取最新的法律法规和政策信息，了解行业内的法律风险防范和控制经验，共同提高经营机构的法律风险管理水平。①

总之，建立法律风险防范机制经营机构的经营和发展特别重要。因此经营机构应加强法律法规宣传和教育、建立法律风险评估机制、完善合同管理制度、加强知识产权保护、建立健全法律风险应对机制及加强与专业机构的合作与交流等方面的工作，全面提升经营机构的法律风险防范和控制能力。

二、加强合同管理

加强合同管理是控制法律风险的措施之一。合同是经营机构经营活动中最常见的法律风险来源，因此，加强合同管理对防范和控制法律风险至关重要。加强合同管理具体体现在以下几个方面。

(一) 建立合同管理制度

经营机构应建立合同管理制度，明确合同管理的职责、流程和规范，确保合同的签订、履行、变更和终止等环节得到有效控制。合同管理制度中应包括合同审查、合同档案管理、合同履行监控等方面的规定，确保合同管理工作的规范化、标准化和专业化。

(二) 严格合同签订前的审查工作

在合同签订前，应对对方进行资信调查和审查，了解其基本情况、经营状况、信用状况等信息，确保对方具备履约能力和诚信度。同时，经营机构应对合同条款进行审查，确保合同条款明确、具体、合法，避免因条款模糊不清引发争议或造成损失。

(三) 加强合同履行过程中的监控

在合同履行过程中，经营机构应加强监控和管理，确保合同得到正确履行。经营机构定期对合同履行情况进行检查和评估，及时发现和解决潜在的法律风险。同时，做好合同履行记录和证据收集工作，以便在发生争议时

---

① 任辉. 企业财务管理与风险控制对策 [J]. 全国流通经济，2019(17)：61-62.

能够提供有力的支持。

(四) 完善合同变更和终止流程

合同的变更和终止应严格按照合同管理制度规定的流程进行操作，确保合同变更和终止的合法性和合规性。在合同变更和终止时，经营机构应对合同条款进行重新审查和协商，避免因变更和终止不当引发法律风险。

(五) 建立合同档案管理制度

经营机构应建立完善的合同档案管理制度，确保合同档案的完整性和可追溯性。合同档案应包括合同文本、往来函件、履行记录等相关资料，以便对合同进行全面了解和管理。同时，经营机构应定期对合同档案进行整理和归档，确保档案的安全性和保密性。

(六) 加强合同管理人员的培训和教育

经营机构应加强合同管理人员的培训和教育，提高其专业素质和风险防范意识。经营机构通过定期开展培训、交流活动等方式，使合同管理人员掌握合同管理的最新理念和方法，提高其对法律风险的识别和控制能力。

三、依法合规经营

经营机构应严格遵守相关法律法规和政策规定，确保经营活动的合法性和合规性。

依法合规经营是控制法律风险的基石。经营机构只有遵守相关法律法规和政策规定，确保经营活动的合法性和合规性，才能有效防范和控制法律风险。依法合规经营具体体现在以下五个方面。

(一) 严格遵守法律法规

经营机构应严格遵守法律法规，确保经营活动的合法、合规。经营机构在制定规章制度、业务操作流程等方面，应符合法律法规的要求，避免因违反法律法规而引发法律风险。

(二) 加强政策研究和学习

经营机构应加强政策研究和学习，及时了解政策法规的变化和要求，确保经营策略和业务模式的合规性。经营机构应定期组织员工学习政策法规，提高员工的法律意识和合规意识，确保经营机构各项业务活动符合政策法规的要求。

(三) 建立健全内部监督机制

经营机构应建立健全内部监督机制，加强对业务活动的合规性审查和监督。经营机构通过内部审计、专项检查等方式，及时发现和纠正不合规行为，防止因违规操作引发法律风险。

(四) 加强合规文化建设

经营机构应加强合规文化建设，树立"合规为先"的经营理念。经营机构通过开展合规宣传、合规培训等活动，提高员工的合规意识和风险防范意识，营造良好的合规氛围。

(五) 积极配合监管部门的工作

经营机构应积极配合监管部门的工作，接受监管部门的监督和检查，及时整改存在的问题和不足。经营机构与监管部门保持良好的沟通与合作，共同维护市场秩序和社会公共利益。

四、保护知识产权

保护知识产权是控制法律风险的重要措施之一。经营机构加强知识产权的保护有助于防范与知识产权相关的法律风险。保护知识产权的具体措施有以下几种。

(一) 建立知识产权管理制度

经营机构需要建立知识产权管理制度，提高经营机构内部的创新活力，为可持续、健康发展提供有力保障。知识产权管理制度中应包括专利管理、

商标管理、著作权管理等方面的规定，确保知识产权得到全面保护。

(二) 加强知识产权的保密工作

经营机构应加强知识产权的保密工作，采取合理的保密措施，确保商业机密不被泄露。经营机构应与员工签订保密协议，明确保密义务和责任，防止商业秘密和技术秘密被非法获取和使用。

(三) 及时申请知识产权保护

经营机构应及时申请知识产权保护，包括专利、商标、著作权等。经营机构在申请前，应对知识产权进行全面审查和评估，确保申请的合法性和有效性。同时，应关注知识产权的国际保护，及时申请国际专利和商标。

(四) 加强知识产权的维权工作

经营机构应加强知识产权的维权工作，对于侵犯知识产权的行为及时制止和维权。经营机构对侵犯知识产权的行为可以采取法律手段维权，如提起诉讼、申请禁令等。同时，应积极与相关机构合作，共同维护知识产权的合法权益。

(五) 加强员工的知识产权培训和教育

经营机构应加强员工的知识产权培训和教育，提高员工的知识产权意识和风险防范意识。经营机构通过定期开展培训、交流活动等方式，使员工了解和掌握知识产权的相关知识和法律法规，提高其对知识产权风险的识别和控制能力。

(六) 运用法律服务助力知识产权保护

经营机构可以合理利用外部法律服务资源来提高知识产权保护的专业性和效率。经营机构可以与专业律师事务所等机构建立合作关系，借助其专业知识和经验为经营机构提供全面的知识产权保护服务。

五、合理利用外部法律服务资源

合理利用外部法律服务资源是控制法律风险的措施之一。经营机构可以借助外部法律服务机构的专业知识和经验，提高法律风险防范和控制能力。

(一) 选择法律服务机构

经营机构应根据自身需求和实际情况，选择合适的法律服务机构作为合作伙伴。经营机构综合考虑法律服务机构的资质、专业领域、经验、服务质量等方面进行选择。同时，应与法律服务机构建立良好的合作关系，确保沟通顺畅、合作愉快。

(二) 明确服务内容和期望

在与外部法律服务机构合作之前，经营机构应明确服务内容和期望，确保法律服务机构能够为其提供有针对性的法律服务。经营机构可以向法律服务机构提出具体需求，如法律风险评估、合同审查、诉讼支持等，并了解机构的服务流程和收费标准。

(三) 加强沟通与合作

经营机构应与外部法律服务机构建立良好的沟通与合作关系，确保信息传递及时、准确。经营机构可以定期向法律服务机构反馈业务进展和法律风险情况，与法律服务机构共同探讨解决方案，提高法律风险防范和控制能力。同时，应尊重法律服务机构的意见和建议，积极配合法律服务机构的工作。

(四) 利用法律专业知识

外部法律服务机构通常拥有丰富的专业知识和经验，经营机构应充分利用这些资源来提高自身的法律风险防范和控制能力。经营机构可以向法律服务机构请教疑难问题、了解行业内的最新动态和法律法规变化等情况，以便更好地应对法律风险。

(五) 建立长期合作关系

经营机构可以与外部法律服务机构建立长期合作关系，以便在长期发展中共同应对各种法律风险。通过与法律服务机构持续的合作和交流，经营机构可以不断积累经验，提高自身的法律风险防范和控制能力。同时，长期合作关系也有助于降低经营机构的法律风险成本。

总之，经营机构应通过选择合适的法律服务机构、明确服务内容和期望、加强沟通与合作、充分利用法律服务机构的专业知识和经验、建立长期合作关系等方面的工作，全面提升法律风险防范和控制能力。

第四节　预算风险控制措施

预算管理作为现代经营机构管理的重要手段，对经营机构资源的优化配置、战略目标的实现及经济效益的提升具有重要意义。然而，经营机构在预算管理过程中，面临着各种风险和挑战，如预算编制不合理、执行不力、监督不到位等，这些风险因素可能导致预算管理失效，影响经营机构的正常运营和发展。因此，加强预算风险控制，并采取有效的措施应对各种风险，是经营机构在实施预算管理过程中必须重视的问题。

一、预算风险控制的概念

预算风险控制是经营机构通过采取一系列的制度和措施，对预算管理过程中可能出现的风险进行识别、评估、控制和监控的过程。预算风险控制的重要性在于，它能有效地降低经营机构在预算管理过程中面临的各种风险，提高预算管理的效果和效率，保障经营机构的战略目标和经营计划顺利实现。[1]

---

① 马芸. 担保机构风险管理下的财务预警问题研究 [J]. 时代金融，2010(2)：96.

二、预算风险的种类及成因

(一) 预算编制风险

预算编制风险指经营机构在预算编制过程中，由于数据不准确、编制方法不合理等原因，导致预算偏离实际情况的风险。其主要原因包括管理层对预算重视不够、预算编制时间不足、编制方法过于简单等。

(二) 预算执行风险

预算执行风险指经营机构在预算执行过程中，由于各种原因导致预算执行效果不佳的风险。其主要原因包括缺乏有效的预算执行监控机制、部门间沟通不畅、预算调整不规范等。

(三) 预算考核风险

预算考核风险指经营机构在预算考核过程中，由于考核指标不合理、考核过程不公正等原因，导致预算考核失效的风险。其主要原因包括考核指标过于单一、考核过程缺乏透明度、考核结果运用不当等。

(四) 预算信息化风险

预算信息化风险指经营机构在实施预算管理过程中，由于信息化程度不足或不当，导致预算管理效率和质量下降的风险。其原因包括信息化基础设施建设不完善、预算管理软件选择不当、数据安全保护不足等。

三、预算风险控制的措施

(一) 完善预算管理制度

经营机构应建立健全预算管理制度，明确预算管理的目标、原则、流程和标准，使各部门和员工对预算管理有统一的认识和规范。同时，经营机构应加强预算管理制度执行情况的监督和检查，确保预算管理制度得到有效执行。

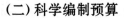

(二)科学编制预算

经营机构应采用科学的方法和工具进行预算编制，提高预算的准确性和合理性。在预算编制过程中，应充分考虑经营机构的实际情况和市场环境，避免预算过于主观和片面。同时，经营机构应加强各部门之间的沟通和协作，促进信息的共享和整合。

(三)强化预算执行监控

经营机构应建立预算执行监控机制，定期对各部门的预算执行情况进行检查和分析，及时发现和解决存在的问题。同时，经营机构应加强预算调整的规范管理，避免随意性和主观性；实施有效的监控措施，确保预算得到严格执行。

(四)优化预算考核体系

经营机构应建立科学的预算考核体系，制定合理的考核指标和考核标准，使考核结果更加客观和公正。同时，经营机构应加强考核过程的透明度，建设监督机制，避免出现舞弊和腐败现象。另外优化考核体系，还能激发员工的工作积极性和创造力。

(五)提高预算管理信息化水平

经营机构应加强信息化基础设施建设，选择适合经营机构需求的预算管理软件，提高预算管理效率和精度。同时，经营机构应加强数据的安全保护和管理，确保数据的完整性和保密性。通过提高预算管理信息化水平，提升经营机构整体的管理水平和竞争力。

(六)建立风险预警机制

经营机构应建立预算风险预警机制，通过收集相关信息和数据，运用定量和定性分析方法，及时发现潜在的预算风险。同时，经营机构应制订相应的应对措施和预案，以便在风险发生时能够迅速响应和处置。通过预警机制的建设，提高经营机构对风险的预见性和应对能力。

(七) 加强员工培训和教育

经营机构应定期开展预算管理相关培训和教育活动，提高员工对预算管理的认识和理解。通过培训和教育，使员工掌握预算管理的基本知识和技能，培养良好的风险管理意识和素养。同时，经营机构应鼓励员工参加专业认证和培训课程，提升自身的专业水平和综合素质。

(八) 促进内部沟通与协作

经营机构应加强内部各部门之间的沟通与协作，促进信息的传递和共享。通过定期召开部门间会议、建立信息共享平台等方式，加强经营机构各部门间的联系和合作。同时，经营机构应鼓励员工提出意见和建议，以便及时发现和解决存在的问题。通过有效的沟通与协作，降低经营机构因信息不对称和部门间摩擦带来的风险。

(九) 持续改进预算管理流程

经营机构应持续关注预算管理流程的改进和创新，定期评估流程的效率和效果，有利于及时发现存在的问题和不足。同时，经营机构应借鉴行业内外先进的经验和做法，持续改进和完善预算管理流程，提高流程的效率和准确性，降低因流程问题带来的风险。

(十) 强化内部审计与监督

经营机构应加强内部审计与监督工作，对预算管理进行全面审查和评估，确保预算的合规性和真实性。通过内部审计发现的问题应及时纠正和整改，防止问题的扩大和恶化。同时，经营机构应积极配合外部监管部门的监督检查工作，及时整改存在的问题，提高经营机构整体的风险防范能力。

预算风险控制是经营机构在实施预算管理过程中必须重视的问题。经营机构应建立健全预算管理制度和风险预警机制、强化内部审计与监督，加强员工培训和教育、促进内部沟通与协作、持续改进预算管理流程。通过这些措施的落实和执行，可以有效降低经营机构在实施预算管理过程中面临的各种风险，实现经营机构的战略目标。同时，经营机构应积极关注市场变化

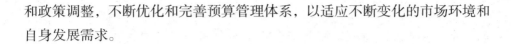

和政策调整，不断优化和完善预算管理体系，以适应不断变化的市场环境和自身发展需求。

第五节　信息系统管理风险控制措施

随着信息化时代的到来，信息系统已经成为经营机构运营和管理的核心支撑。但是信息系统在为经营机构带来便利的同时，也带来了诸多管理上的风险。

一、信息系统管理风险的种类及成因

（一）数据安全风险

数据安全风险是指经营机构在处理和存储数据过程中可能面临的各种风险，这些风险可能导致数据泄露、数据篡改、数据丢失等问题，给经营机构带来严重的安全威胁和潜在的损失。

1. 数据泄露

数据泄露可能发生在数据的收集、存储、处理和传输等各个环节。常见的导致数据泄露的风险因素包括不安全的网络连接、缺乏足够的安全控制措施、内部人员恶意泄露等。一旦数据泄露，导致敏感信息被窃取或滥用，将对经营机构的声誉和财务造成损失。

2. 数据篡改

数据篡改通常指对数据进行非法修改或破坏，导致数据失去原有的价值和意义。常见的导致数据篡改的风险因素包括黑客攻击、恶意软件感染、内部人员的错误操作等。数据篡改可能导致经营机构做出错误的决策或遭受重大经济损失。

3. 数据丢失

数据丢失可能由自然灾害、硬件故障、人为错误等原因导致，其对经营机构可能造成致命的打击，因为数据的丢失会影响经营机构的正常运营和客户的信任度。

为了应对这些风险，经营机构需要采取一系列的安全措施来保护数据的安全。首先，经营机构需要建立完善的数据安全管理制度，包括数据的分类、备份和恢复等方面的规定。其次，经营机构需要采用各种安全技术手段，如加密技术、访问控制技术、防火墙技术等来加强数据的安全保护。最后，经营机构还需要加强员工的安全意识培训和教育，提高员工对数据安全的重视程度和应对能力。

(二) 基础设施风险

基础设施风险是指经营机构在建设和运营过程中，由于各种原因导致的设施故障、运营中断、安全事故等风险。基础设施是经营机构运营的基础，其稳定性和可靠性对经营机构的正常运营和持续发展至关重要。常见的基础设施风险有以下四种：

1. 设备故障与老化

经营机构的基础设施中包含了大量的设备和系统，随着使用年限的增加，设备会出现老化、磨损、损坏等情况，导致设备故障或失效，从而影响经营机构的正常运营和生产。

2. 技术更新与升级

随着技术的不断进步和升级，经营机构的基础设施也需要不断更新和升级，以适应新的技术和业务需求。在技术更新和升级的过程中，可能会出现技术过渡期、设备兼容性、人员培训不足等问题，导致技术更新和升级不顺利，从而影响经营机构的运营和发展。

3. 自然灾害与环境影响

经营机构的基础设施受到自然灾害、气候变化、环境破坏等外部因素的影响，如地震、洪水、极端天气等，这些因素可能导致设施损坏、运营中断等风险。

4. 安全事故与健康危害

经营机构的基础设施中涉及许多安全设施和危险品管理，如化工、石油、电力等行业，这些设施如果出现故障或事故，会导致严重的安全事故和健康危害，给经营机构和社会带来巨大的损失和影响。

为了应对这些风险，经营机构需要采取一系列的风险控制措施。首先，经营机构需要建立完善的基础设施管理制度和安全管理体系，加强设备的维护和检修，确保设备的正常运行和使用寿命。其次，经营机构需要加强技术更新和升级的管理，制订详细的技术更新和升级计划，确保技术顺利过渡和升级。再次，经营机构还需要加强自然灾害和环境变化的监测和预警，制定应急预案和应对措施，确保在出现异常情况时能够及时采取应对措施。[①] 最后，经营机构需要加强安全设施和危险品的管理，制定完善的安全管理制度和操作规程，确保员工的安全和健康。

（三）操作风险

操作风险是指在经营机构的日常运营和管理过程中，由于操作失误、违规操作、不当操作等导致的风险。操作风险对经营机构的影响很大，可能导致生产事故、设备损坏、安全事故等问题，给经营机构带来严重的损失和负面影响。常见的操作风险有以下三种。

1. 操作失误

操作失误是指在生产、运营、管理等过程中，由于员工的疏忽、疲劳、注意力不集中等导致的操作错误或遗漏。操作失误可能会导致生产事故、设备损坏、产品质量问题等风险，给经营机构带来损失和负面影响。

2. 违规操作

违规操作是指员工违反经营机构的规定、操作规程、安全标准等进行操作的行为。违规操作可能导致安全事故、环境污染、法律责任等风险，给经营机构带来严重的损失和法律责任。

3. 不当操作

不当操作是指员工在操作过程中，没有按照最佳实践、优化流程等要求进行操作的行为。不当操作可能导致效率低下、资源浪费、成本增加等风险，影响经营机构的经济效益和可持续发展。

（四）合规风险

合规风险是指经营机构在进行商业活动时，因违反法律法规、监管要求、行业标准等面临的风险。这种风险可能导致经营机构受到罚款、声誉损

---

① 于良，黄慧．基于价值链理念的企业财务管理创新 [J]．财会通讯，2009（12）：70–71．

失、业务中断甚至刑事责任等后果。经营机构常见的合规风险体现在以下两个方面。

第一，合规风险通常与经营机构的经营行为、产品和服务的提供、财务报告等有关。例如，违反消费者权益保护法、反不正当竞争法等可能引发合规风险；违反税法可能导致经营机构面临税务检查和罚款；财务报告违规可能引发投资者的不信任和股价波动。

第二，合规风险源自经营机构内部管理问题。例如，内部控制不健全，导致对员工的合规培训不足、合规监管不力等问题，这都可能引发合规风险。此外，经营机构的合规风险也受外部环境影响，如政策变化、法律修订等也可能带来合规风险。

为应对合规风险，经营机构需要采取一系列的风险控制措施。一是建立完善的合规管理制度和流程，包括合规培训、合规审查、合规报告等环节。二是加强内部审计和风险管理，及时发现和纠正不合规行为。三是保持与监管机构的良好沟通，及时了解和适应政策变化，以便更好地应对合规风险。四是明确合规风险的性质和范围。合规风险是具有多样性和多层次性的。它不仅源于经营机构内部的各个层面和部门，也源于经营机构外部的各个领域和方面。因此，经营机构需要从全局出发，全面考虑和评估合规风险的影响范围和程度，以便更好地制定应对策略。

（五）战略风险

战略风险是指经营机构发展战略与实际状况相脱节、与社会需求相背离、与经营机构目标不一致，从而导致经营机构发展方向出现偏误的风险。这种风险通常源于战略定位（分析、选择）的失误，或者由于战略实施不到位、过于激进或频繁变动。经营机构常见的战略风险具体体现在以下四个方面。

第一，战略风险可能导致经营机构发展方向出现偏误。经营机构的战略定位不准确，或者战略选择失误，会导致经营机构无法适应市场变化，丧失竞争优势，甚至走向衰败。例如，经营机构过于关注短期利益，而忽视了长期发展，导致资源分配不合理，错失发展机遇。

第二，战略风险源自经营机构战略实施的问题。经营机构战略实施不到位，缺乏明确的实施步骤和具体计划，导致经营机构空有目标，却无法有效实现。例如，经营机构可能制定了宏伟的发展目标，但缺乏相应的资源储备和人才队伍，导致战略无法落地。

第三，过于激进的战略也可能引发风险。经营机构过于追求扩张和市场份额，而忽视了自身的资源和能力限制，会导致经营机构过度扩张，甚至陷入经营危机。例如，经营机构可能为了追求规模效应而盲目收购其他经营机构，结果却无法实现协同效应，导致资源浪费和管理复杂化。

第四，频繁变动的战略也会带来风险。经营机构频繁改变发展战略和业务方向，会造成资源分散、员工士气低落、客户信任度下降等问题。例如，经营机构可能看到某个市场领域有潜力，于是迅速进入该领域，但很快又发现该领域并不适合自己，于是迅速退出。这样频繁的战略变动会让员工和客户感到困惑和失望。

应对战略风险，经营机构需要建立完善的战略管理制度和风险防范机制。一是确保经营机构发展战略与自身条件、市场需求和行业趋势相匹配。二是制订具体的实施计划和步骤，确保战略落地。三是保持战略的稳定性和持续性，避免频繁变动。四是加强经营机构治理结构的建设和完善，确保经营机构内部权力均衡和利益协调。五是加强外部环境的监测和预警，及时发现和应对潜在的战略风险。

二、信息系统管理风险控制的具体措施

(一) 建立完善的安全管理制度

经营机构应建立健全信息系统安全管理制度，明确安全管理的目标、原则、流程和标准。信息系统安全管理制度应涵盖物理安全、网络安全、应用安全等方面，确保信息系统的全面安全。同时，应定期对信息系统安全管理制度进行审查和更新，以适应不断变化的威胁和环境。

(二) 加强数据备份与恢复

经营机构应建立完善的数据备份与恢复机制，确保数据在遭受攻击或意外损坏时能够迅速恢复。经营机构数据备份应定期进行，并确保备份数据

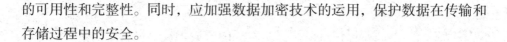

的可用性和完整性。同时，应加强数据加密技术的运用，保护数据在传输和存储过程中的安全。

（三）强化基础设施维护与管理

经营机构应加强对基础设施的维护和管理，定期对硬件设备进行检查、维护和更新，确保设备的稳定运行。同时，建立应急预案，对突发事件做到快速响应和处理，减少信息系统停机时间。

（四）提高员工操作技能和安全意识

经营机构应加强员工培训，提高员工对信息系统的操作技能和安全意识，培训内容应涵盖基本的安全知识、操作规程以及应急处理能力等方面。同时，经营机构应定期对员工进行考核和评估，确保员工具备足够的技能和素质。

（五）建立合规监管机制

经营机构应建立合规监管机制，确保信息系统的运行符合相关法律法规和监管要求。经营机构应定期对信息系统进行合规检查，及时发现和整改不合规问题。同时，加强与监管机构的沟通与合作，了解最新法规动态，为经营机构合规运营提供保障。

（六）合理规划信息系统战略

经营机构应合理规划信息系统的战略发展，避免过度依赖信息系统导致战略风险。经营机构应加强市场调研和技术研究，了解行业发展趋势和技术创新动态；应建立战略评估机制，对信息系统的战略价值定期评估和调整。

（七）引入第三方审计与评估

经营机构可以引入第三方审计与评估机构，对信息系统的安全性、合规性和性能等方面进行全面评估。通过外部专家的意见和建议，经营机构可以更加客观地了解自身信息系统的优缺点，并采取针对措施进行改进和完善。

(八) 建立风险应对机制

经营机构应建立风险应对机制，对可能出现的风险进行预警和处置。经营机构应定期对信息系统进行风险评估，识别潜在的风险点，并制定相应的应对措施和预案；应加强风险监控和报告工作，确保管理层及时了解和掌握风险状况。

(九) 优化系统架构与设计

经营机构应不断优化信息系统的架构与设计，提高系统的可靠性和可扩展性。经营机构在系统规划阶段就应充分考虑各种风险因素，并采取相应的措施降低信息系统管理风险对经营机构运营的影响。同时，应注重系统的模块化、开放性和灵活性设计，便于后期信息系统的维护和升级。

(十) 加强合作与交流

经营机构应积极与同行、研究机构和政府部门进行合作与交流，共同应对信息系统管理风险的挑战。通过共同分享经验和最佳实践，可以学习到其他经营机构的成功做法和应对策略，提高自身风险防范的能力和水平。

信息系统管理风险控制是经营机构在信息化进程中必须面对的重要问题。经营机构应从制度建设、技术保障、人员管理等多个方面入手，建立健全风险控制体系。通过实施上述措施，经营机构可以有效地降低信息系统管理风险，保障信息系统的安全稳定运行，为经营机构的发展提供有力支持。同时经营机构还应持续关注信息技术的发展和市场环境的变化，不断更新和完善信息系统管理风险控制体系，以适应不断变化的风险挑战。

第六节　财务风险及内部控制实践

财务风险是客观存在的，经营机构的管理者无法完全消除，但可以通过采取有效措施来规避或降低风险。内部控制是一种管理体系，其用于确保

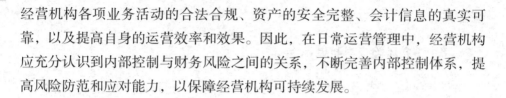

经营机构各项业务活动的合法合规、资产的安全完整、会计信息的真实可靠，以及提高自身的运营效率和效果。因此，在日常运营管理中，经营机构应充分认识到内部控制与财务风险之间的关系，不断完善内部控制体系，提高风险防范和应对能力，以保障经营机构可持续发展。

一、预算编制风险控制实践

(一) 项目清理

1. 业务流程

对年度预算已批复项目进行清理，提出滚动列入下年度各部门预算项目，作为部门编制下年度项目支出预算的基础。以下是具体步骤。

步骤一：接收部门项目清理结果，提出清理意见。部门预算管理岗对部门报送的项目清理结果进行初审，提出项目清理类别建议和下年度预算建议数，经复审岗审核后呈报相关部门。

步骤二：对预算项目清理意见进行反馈。县财政局预算科（股、室）将对乡镇财政管理机构的建议提出意见后反馈乡镇财政管理机构，之后按步骤一的流程，由乡镇财政管理机构提出意见，由复审岗审签后报送县财政局预算科（股、室）。[①]

步骤三：下发项目数据。县财政局预算科（股、室）确定项目清理意见，并将分部门项目数据发送给乡镇财政管理机构，由乡镇财政管理机构发送给归口各部门。

2. 防控措施

具体的防控措施体现在四个方面。

第一，根据部门职能，加大项目整合力度，规范项目设立，对一次性项目和执行年限到期的延续项目予以清理，其余项目滚动转入以后年度项目库，并与下年新增项目一并申请项目支出预算。

第二，具体开展预算项目清理整合工作，研究提出具体清理整合方案。当项目清理具体要求操作性不强时，及时与预算科（股、室）沟通，由预算

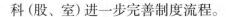

科（股、室）进一步完善制度流程。

第三，加强廉政教育和保密管理，增强廉政意识和保密意识。

第四，及时完善和认真执行各项制度，有效防范和应对外部风险。

（二）布置预算编制

1. 业务流程

按照预算部署，做好部门预算编制布置工作。召开预算编制工作动员部署会，指导部门编制预算，并督促部门按时报送。具体有以下四个步骤。

步骤一：起草预算编制工作动员部署会通知，准备有关会议材料。

步骤二：部门预算管理岗通知部门参会。

步骤三：召开预算编制工作动员部署会，明确部门预算编制的主要内容、具体要求和时间节点。

步骤四：部门预算管理岗指导部门编制预算，并督促部门按时上报。

2. 防控措施

防控措施具体体现在以下三个方面。

第一，及时组织召开预算编制部署会，指导各部门准确理解和掌握年度预算编制的主要工作、具体要求、时间节点等。

第二，按照预算规定的时间节点督促部门按时报送预算。

第三，及时完善和认真执行各项制度，有效防控和应对外部风险影响。

（三）部门"一上"编报

1. 业务流程

按照年度部门预算编制要求，乡镇财政管理机构组织各部门编报发展规划、年度工作目标和编制本部门年度预算建议计划，同时报送人员、资产等基础数据和项目支出安排依据等情况。以下是具体步骤。

步骤一："一上"预算申报由各部门（单位）编制、报送本部门（单位）预算草案，汇总后统一报送乡镇财政管理机构。

步骤二：乡镇财政管理机构经办（预算管理）岗对部门"一上"预算进行审核，包括统筹安排结转和结余资金预算等建议，提交初审岗审核，初审岗审核后提交复审岗。

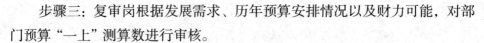

步骤三：复审岗根据发展需求、历年预算安排情况以及财力可能，对部门预算"一上"测算数进行审核。

步骤四：经办（预算管理）岗上报财政局预算科（股、室）"一上"预算。

2. 防控措施

第一，加强对部门预算编制的指导，提高部门预算编制的质量。

第二，按照预算编制的时间节点督促各部门按时报送"一上"预算。

第三，依据有关法律法规要求、部门预算管理的相关规定和支出定额标准，对各部门提出的预算需求进行严格审核，加强预算统筹协调。

（四）下达"一下"控制数

1. 业务流程

下达"一下"控制数是指乡镇财政管理机构下达预算控制数，部门单位根据控制数及部门预算项目建议修改调整形成"二上"预算。

步骤一：经办（预算管理）岗根据预算科（股、室）下达的部门预算"一下"控制数，提出细化到部门分解建议，提交给初审岗，初审岗审后，提交给复审岗，复审岗核定后，及时下达具体预算部门。

步骤二：部门在收到"一下"预算控制数后，严格按照"一下"预算控制数，修改各项预算指标并按时上报"二上"预算。

2. 防控措施

第一，经办（预算管理）岗应在规定时间内将各项"一下"预算控制数下达到具体预算单位。

第二，积极与各部门沟通，分解细化控制数，督促部门修改预算。

第三，督促各部门按时报送"二上"预算。

第四，加强经办（预算管理）岗法律法规学习，防范廉政风险。

（五）部门编报"二上"预算

1. 业务流程

部门编报"二上"预算是指乡镇财政管理机构在县财政局下达的部门预算控制数以内，汇总编报本部门及所属单位年度预算草案，在规定时间内报送县财政局。

步骤一：经办 (预算管理) 岗对预算单位报送的预算草案进行初步审核。收到预算单位报送的"二上"预算草案文件及电子数据后，经办 (预算管理) 岗与预算单位进行沟通后，按预算科 (股、室) 相关要求进行初步审核，经办 (预算管理) 岗初步审核后，移交初审岗。

步骤二：初审岗对部门的预算草案内容再次审核汇总后，移交复审岗。

步骤三：复审岗对汇总结果进行审定，上报县财政局。

2. 防控措施

第一，对部门"二上"预算进行全面审核。发现问题及时与部门沟通，由其相应进行调整。

第二，向部门印发通知，明确统一要求和有关特定要求，督促部门细化预算控制数，指导并督促部门在规定时间内将"二上"预算报送乡镇财政管理机构。

第三，及时完成部门"二上"预算审核工作。

第四，按照相关法律法规规定汇编部门预算草案。

第五，完善部门预算草案格式，丰富部门预算草案内容，增加说明解释相关内容。

第六，督促部门加强预算编报审查工作，督促加强预算编制学习，建立责任追查机制，研究完善预算管理办法。

第七，经办 (预算管理) 岗应主动与各部门加强沟通，尽可能避免外部风险，并及时应对外部风险事件。

(六) 部门预算批复下达风险防控

1. 业务流程

对批复数据审核把关，把批复文件下发给部门。

步骤一：经办 (预算管理) 岗按统一制定的批复文件说明，核对相关数据。填写文件中批复数据，整理打印附表，移交审核岗。

步骤二：初审岗对经办岗核对内容进行复核把关，审核完毕后报复审岗审定。

步骤三：复审岗审定后，经办岗将批复文件发至部门。

2.防控措施

第一，按要求及时起草部门预算批复文件，完成相关发文程序，在乡镇人民代表大会批准预算后，及时、准确向对口部门批复预算。

第二，建立交叉稽核机制，确保相关数字、文字的准确性。

第三，部门预算批复后，督促部门按规定公开预算。

第四，经办（预算管理）岗应主动与各部门加强沟通，避免外部风险，并及时准确批复。

二、固定资产风险控制实践

（一）业务流程

依据固定资产管理有关规定，开展固定资产配置、登记、变更、处置及固定资产清查等工作。

步骤一：固定资产的配置。根据工作需要固定资产管理岗提出申请，经领导同意后，由采购小组按照程序和标准进行采购，固定资产管理员做好资产登记。

步骤二：固定资产对外有偿使用。固定资产对外出租、出借有偿使用，经乡镇领导会审同意后，报县财政局资产管理科(股、室)审批(备案)同意，根据第三方评估资产价格，采取招投标、竞价等公开方式进行出租、出借，组织签订有偿使用合同或协议，相关资产使用收入上缴县财政非税管理部门。

步骤三：固定资产的处置。由固定资产使用人提出申请，经办（固定资产管理）岗结合资产使用情况提出处置意见，经领导审批后，按规定程序处置并做好资产核销。

步骤四：固定资产的清查。由经办（固定资产管理）岗牵头，固定资产使用人配合，按照固定资产管理要求开展资产清查工作，按要求上报年度资产报告。

步骤五：固定资产移交。工作人员因离职、退休、工作调动等原因离开单位的，需移交个人使用的固定资产，由固定资产管理岗负责接收管理。

(二) 防控措施

第一，按照资产存量与增量相结合和厉行节约原则，严格资产配置标准审核，确保资产配置的功能、数量与本单位职能相匹配。

第二，资产管理应明确到人，指定专人负责对固定资产进行登记，按照谁使用、谁负责的原则进行管理。

第三，按照规定做好固定资产处置、出租、出借等对外有偿使用，经领导会审同意，报县财政局资产管理科 (股、室) 审批 (备案)。

第四，按照资产主管部门要求及时对资产使用情况进行清查，年末统一进行年度盘点。

第五，严格按照要求进行资产处置，根据使用人申请，由经办 (固定资产管理) 岗结合资产使用情况提出处置意见，经领导审批后，经办 (固定资产管理) 岗按照规定做好资产处置，同时报县财政局资产管理科 (股、室) 审批 (备案)。

第六，采购小组进行资产采购时，经询价比价后严格按照程序要求进行，所购资产由资产使用人进行确认，杜绝虚购虚开。

三、专项资金风险控制实践

(一) 业务流程

主要规定人口普查资金管理、疫情防控经费管理、项目资金管理、捐赠、扶贫资金、涉农补贴等财政专项资金的申请、上级下达专项资金、审批、使用、监管等情况。遵循统筹安排、分级负责，急事急办、特事特办，全力保障、强化绩效的原则，既要满足项目工作需要，又要避免浪费。

步骤一：经办岗收到县财政局专项资金到账相关业务银行手续后，经办岗要对该项资金拨款申请材料及其文件依据、预算、项目资金、款项用途和规定程序进行审核。资料齐全、手续完备的，提出初审意见提交初审岗审批。

步骤二：初审岗根据政策要求和工作需要，对资金申请等手续进行复核后，提交复审岗审核。

步骤三：复审岗根据其职责、权限和规定程序对拨款申请事项进行审核后，转乡镇主要领导审批。乡镇主要领导会审会签审批后，同意拨款的，签署审批意见。

步骤四：经办岗根据乡镇主要领导会审会签的审批意见，开具支付凭证，支付金额应与审批意见一致，收款单位户名、开户银行及银行账户等重要信息要与合同一致。

步骤五：复审岗对开具的支付凭证进行审核，主要审核资金拨付的文件依据、预算、项目资金余额、审批权限以及程序、金额是否正确，手续及相关资料是否齐备，预算拨款凭证要素是否正确等。

步骤六：复核无误后，将已签章的支付凭证及时、安全送到相关业务银行。

(二) 防控措施

第一，加快转移支付拨付进度，要明确规定政策目标、部门职责分工、资金补助对象、资金使用范围、资金分配办法等内容，逐步达到分配主体统一、分配办法一致、申报审批程序唯一等要求。

第二，系统梳理现有各项资金管理办法与预算法律法规之间的关系。对于相互冲突的内容，尽快组织梳理。

第三，补助对象应按照政策目标设定，并按补助政府机构、事业单位、个人等进行分类，便于监督检查和绩效评价。需要发布项目申报指南的，应在资金管理办法中进行明确。具体项目指南要根据项目的不同类型，明确不同的要素和要求。

第四，加强廉政教育，增强法治意识。

第五，加强业务培训，提高依法行政、依法理财水平。

第六，对提供虚假申报材料骗取、套取资金一经查实的，按规定客观公正及时处理。

第七，完善与部门的沟通协商机制，督促相关部门提前做好相关准备工作。

第八，经办岗、审核岗应主动协调有关单位和人员，加强沟通，及时应对外部风险事件。

第六章　内部控制体系的构建

第一节　内部控制制度建设

一、内部控制建设的必要性

随着社会对内部控制重视程度的增加，近年来，陆续出台了一系列与内部控制相关的法律、规范，充分显示了内部控制制度的重要性。

第一，内部控制是经营机构发展战略得以顺利实现的保障。经营机构战略是经营机构在发展过程中将各方利益结合，以自身资源储备为基础制定的发展目标，对于实现经营机构的可持续发展有着促进作用。

第二，内部控制在一定程度上保证了财务报表的真实性。经营机构财务报表包含投资者信息、资金流动情况等一系列与经营机构经济活动密切相关的信息，如果此类信息存在造假将会对经营机构的经营活动造成难以估量的负面影响，严重者会导致经营机构走向破产。[①] 因此，为保证经营机构的安全和经营工作的有序开展，建立内部控制制度迫在眉睫。经营效率直接影响到经营机构生产活动的成功与否，良好的经营效率可以为经营机构提供丰厚的回报。内部控制能有效提升经营机构的经营效率和经营效果，达成经营机构的盈利目标，实现对经营机构的科学化、精细化管理。

第三，内部控制能够保证经营的合法性。经营机构想要长久发展，做大做强，就必须严格遵循国家相关法律法规，依法经营是保证经营机构经济安全，降低风险的有效手段。经营机构只有在法律规定的范围内进行经营活动，才能保证自己积极的社会形象、才不会被社会所抛弃、才能有充足的人才储备，保证经营机构始终具备生机与活力。因此建立健全内部控制制度，是经营机构长久发展的前提。

---

① 邵琳. 企业财务管理及内部控制探究 [J]. 现代商业，2020(28)：126–127.

二、内部控制制度建设现状及风险分析

(一) 内部控制意识薄弱

由于经营机构管理者受教育程度不同，对内部控制的重视程度也存在差异。个别经营机构管理者由于没有接受过专业的管理培训，缺乏先进的管理知识和管理理念，对生产活动的重视程度远远大于管理，认为生产部门是自身立足的基础，是利润的直接创造者。这类管理者往往只重视眼前短期利益，缺乏长远的利益考虑，错误的思想观念误导了其对内部控制的认识。对他们而言，所谓的内部控制仅仅是书本的华而不实的理论，并不能为其实际的管理提供便利、并不能为其发展带来直接的经济效益，因此经营机构管理者尤其是中小经营机构的管理者，往往忽视内部控制制度的建设，盲目地追求经济收益。虽然也有一部分管理者逐渐认识到内部控制制度是决定经营机构发展的关键因素，但由于眼界的局限性，对内部控制的重视程度还远没有达到影响经营机构生存的程度，并没有将内部控制放在经营机构发展战略的层次去考虑，仅仅是将内部控制制度的建立和健全作为管理部门的日常工作开展。经营机构管理层的决策和理念将直接影响基层员工对问题的看法，管理层对内部控制的不重视导致了经营机构内部控制意识较差，极大地影响了经营机构的管理活动。

(二) 风险防范机制欠缺

风险评估能够对经营机构发展过程中存在的众多潜在风险和威胁加以判断，对经营机构规避风险，选择有效的方法解决暴露出的问题意义重大，是经营机构管理的重要环节。做好风险防范最重要的就是把握以下三方面内容：一是建立健全科学的风险识别机制，并将其规范化；二是建立相关的风险数据库，对经营机构经营活动中遇到的所有问题进行记录；三是定期评估、修改风险识别机制，确保其始终满足经营机构发展的需要。然而在实际管理活动中，许多经营机构缺乏防范风险的机制，忽视了风险数据库的搭建，并没有对经营机构经历过的风险进行分析，更没有确定风险产生原因和发展趋势，也就不可能做到将经营机构经营过程中潜在的风险纳入数据库，进行危机预警。风险数据库信息不完善导致其在风险预警时给出的结论不具备代表性，不能有效反映出经营机构将要面临的风险情况。明确各部门的职责权限是进行风险防范工作的前提，当前的经营机构管理结构决定了风险防范工作由总经理、风险管理委员会和经营机构内部审计委员会共同进行。

然而在实际的执行过程中负责人的职责界定模糊，责任部门的风险防范意识不强。例如，风险管理委员会的成员是由其他部门的工作人员兼职担任，对于内部重要业务的工作流程不清晰，缺乏必要的风险防范知识和经验、缺乏必需的法律知识。从职责角度来看，风险管理委员会和审计委员会与总经理属于同等级，三者相互合作、相互制约，实际却是委员会的工作受总经理的影响，在进行重要决策、重大风险、关键业务的审查时，缺乏独立性，导致风险预警机制不健全。

(三) 内部控制监督与评价不完善

经营机构的生产经营活动将增加经营机构资产规模和承担社会责任有机结合，经营机构的内部控制监督从安全监督和财务监督两方面进行。在安全监督方面，众多的经营机构投入大量精力确保安全生产，监督体系较为完善。而在财务监督方面，大多数经营机构仍停留在基础阶段，还未达到深层次的动态监督。内部控制监督与评价尚不完善，具体表现为：一是缺乏强大的执行力。经营机构虽然建立了相应的监督审计制度，设立了专职部门，但是制度的实施却没有完全展开，远没有达到预期效果，内部的审计工作更是面子工程，没有实质的工作进展。经营机构内部监督审计的职权领域需要进一步深化，需要不断拓展监督的工作范畴。二是缺乏独立性。内部监督审计部门作为内部控制的重要一环，应保证其工作的独立性，确保其工作不会受其他部门的影响。而实际却是，监督审计人员的选择、业绩考核都与经营机构其他部门相关，工作容易受管理层主观意识的影响，独立性的缺失直接影响其工作的客观性、公正性。

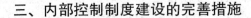

三、内部控制制度建设的完善措施

(一) 加强教育，树立内部控制先进理念

内部控制制度是经营机构健康发展的重要保障，加强内部控制制度的建设就要改变以往传统的管理理念，加强对经营机构工作人员的教育，营造自上而下重视内部控制的氛围。首先，要强化管理层对内部控制的重视。个别经营机构管理人员对内部控制缺乏系统全面的认识，认为内部控制只是华而不实的理论，并没有实质的意义，单纯地追求经济效益最大化。因此提高管理层的职业素养对经营机构的发展有着促进作用，通过对内部控制相关理念的学习，使其认识到内部控制在经营机构发展过程中扮演的重要角色，从而真正引领其他员工进行内部控制制度的建设。其次，通过讲座的方式对员工进行内部控制相关知识的培训，引导其进行思维方式的转变，减少制度建设过程中人事调动和工作分配的抵触情绪，以促进内部控制工作的开展。

(二) 科学规划，确保内部控制制度的适用性

内部环境建设要做到人人态度端正，合作配合。在对内部工作分工时，要求其部门和人员以公正的态度积极充分参与。工作轮换制是达到内部控制的重要手段，工作轮换要求控制每位员工在某一岗位的履职时间，减少频繁的岗位调动；同时着力改善经营机构的控制环境，控制的程度直接影响经营机构目标战略的实施。在选取经营机构管理者时，优秀的、有能力、有责任感的管理者更能对经营机构员工做出榜样，起好带头作用，更能考虑全体利益。另外，经营机构要加强对员工的素质培养，从思想上加强对经营机构内部控制的认识。

(三) 强化风险意识，建立风险防控系统

随着经济全球化进程的加快，世界各国的经济呈现出"你中有我，我中有你"的格局，经营机构所面临的外部经济环境日益复杂，如何建立起完善的风险防控系统，对经营机构发展过程中潜在的风险加以规避，是经营机构内部控制的重要内容。经营机构应进一步强化风险防控意识，设立专门的机

构进行风险预警工作，并安排经验丰富掌握一定法律知识、经营机构管理知识的审计、财务人员任职。在不影响经营机构正常经营的情况下开展风险预警工作，为经营机构的发展保驾护航。经营机构在建立风险防控系统时，应遵循科学性、全面性、简洁性、系统性的原则，确保风险控制系统能够根据经营机构的财务数据选择准确的计算指标，从而真实地反映经营机构的经营情况。风险防控系统能够提高经营机构抵御风险的能力，达到避免或降低风险的目的，减少经营机构的损失。

（四）建立健全内部控制监督和评价体系

内部审计监督是经营机构控制管理的重要环节，其主要检测内部生产经营是否按照制定的规划进行。建立健全内部控制监督和评价体系的过程可以借助经营机构的既有资源，如职工代表审计监督部门。很多经营机构都没有建立监督机制，这极大影响着内部控制的实施。监督体系要求从各个部门的职工中选出组成。监督评价体系的建立、完善任重道远，只有不断吸收经验、不断成长，才能发挥监督评价体系的作用，使经营机构内部控制真正发挥作用。

总之，经营机构内部控制制度是一个经营机构实行科学管理方式的标志，是反映经营机构管理水平的重要因素。纵观优秀成功经营机构的发展历程我们不难发现：只有注重内部控制，经营机构才能获得成功；只有自上而下重视内部控制制度并将其作为一个长期的发展战略加以执行，将内部控制应用于经营机构整个经营活动中，经营机构才能在激烈的竞争中处于不败之地。

第二节　内部控制环境建设

内部控制环境建设是指经营机构为了实现内部控制目标，通过对内部环境进行改善、优化和完善，以建立良好的内部控制体系的过程。

一、内部控制环境建设的必要性

内部控制是经营机构为了实现其目标而制定的一系列制度、流程和规范，其目的是保证经营机构的经营行为符合法律法规、保障资产安全、提高经营效率、促进经营机构发展战略的实现。而内部控制环境则是内部控制的基础，是内部控制实施的重要保障。因此，加强内部控制环境建设对于经营机构来说至关重要。具体体现在以下三个方面。

第一，内部控制环境建设有助于提高经营机构的风险防范能力。内部控制环境建设要求经营机构建立完善的风险评估机制，通过对经营机构面临的内外部风险进行识别、分析和评估，及时发现和应对风险，提高经营机构的风险防范能力。

第二，内部控制环境建设有助于保证经营机构经营的合规性和稳健性。通过内部控制环境建设，经营机构可以建立完善的制度和流程，规范经营机构的经营行为，确保经营机构的经营行为符合法律法规和经营机构内部规章制度的要求，提高经营机构经营的合规性和稳健性。

第三，内部控制环境建设有助于提高经营机构的管理水平和经营效率。通过内部控制环境建设，经营机构可以建立完善的内部管理体系和监督机制，明确各部门和岗位的职责和权限，确保经营机构内部各个部门和员工都能按照规定的流程和规范进行操作，提高经营机构的管理水平和经营效率。

二、内部控制环境建设的要素

(一) 组织架构

组织架构是内部控制环境建设的核心要素之一。经营机构应该建立完善的组织架构，明确各部门的职责和权限，确保经营机构内部各个部门之间相互协作、相互制约，形成科学合理的管理体系。同时，经营机构应该根据自身业务特点和市场需求，合理设置岗位，明确岗位职责和权限，确保经营机构内部各个岗位之间相互配合、相互监督。

(二) 治理结构

治理结构是内部控制环境建设的另一要素。经营机构应该建立完善的治理结构，明确股东会、董事会、监事会和管理层之间的职责和权限，确保经营机构内部各个治理主体之间相互协调、相互制约，形成科学合理的治理

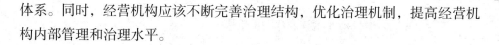

体系。同时，经营机构应该不断完善治理结构，优化治理机制，提高经营机构内部管理和治理水平。

（三）经营机构文化

经营机构文化是内部控制环境建设的要素。经营机构文化是经营机构内部形成的价值观、信仰、习惯和行为准则等，它对经营机构内部员工的行为和思想有着重要影响。经营机构应该建立积极向上、健康和谐的经营机构文化，激发员工的归属感和创造力，提高经营机构内部的凝聚力和向心力。同时，经营机构应该不断完善其文化建设，优化文化体系，保持经营机构文化的先进性和创新性。

（四）人力资源管理

人力资源管理是内部控制环境建设的重要组成部分。经营机构应该建立完善的人力资源管理体系，制定科学合理的人力资源战略和规划，确保经营机构内部各个岗位的人员配置符合要求。同时，经营机构应该加强对员工的培训和教育，提高员工的综合素质和专业能力，激发员工的创造力和潜能。此外，经营机构还应该建立完善的绩效考核和激励机制，加强对员工的评价和激励，提高员工的工作积极性和满意度。

（五）信息化管理

信息化管理是内部控制环境建设的组成部分。随着信息技术的发展和普及，信息化管理已经成为经营机构内部管理和控制的重要手段之一。经营机构应该建立完善的信息化管理体系，加强对信息系统的建设和维护，确保信息的安全、准确和完整。[①] 同时，经营机构还应该加强对信息技术的应用和管理，优化信息化管理的流程和方法，提高经营机构内部管理和控制水平。

---

① 杨晓萌. 内部控制体系对企业财务管理的影响研究 [J]. 财经界，2020(36)：138–139.

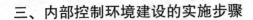

三、内部控制环境建设的实施步骤

(一) 制订内部控制环境建设计划

经营机构应该根据自身实际情况和业务需求，制订具体的内部控制环境建设计划，明确建设目标、分析现状、确定建设内容、制定实施步骤和时间表、分配资源、建立监督机制等。

1. 明确建设目标

经营机构首先要明确内部控制环境建设的目标，这些目标应该与经营机构的整体发展战略和风险管理策略相一致。例如，提高风险防范能力、保证经营的合规性和稳健性、提高管理水平和经营效率等。

2. 分析现状

经营机构需要对现有的内部控制环境进行全面的分析，了解现有的组织架构、治理结构、文化建设、人力资源管理和信息化管理等方面的情况，找出存在的问题和不足。

3. 确定建设内容

经营机构根据现状分析的结果，确定需要建设的具体内容。例如，完善组织架构和治理结构、优化人力资源管理、加强文化建设、强化信息化管理等。

4. 制定实施步骤和时间表

经营机构针对确定的建设内容，制定具体的实施步骤和时间表。这些步骤应该具体、可行，并且能够确保建设工作的顺利进行。同时，时间表应该合理，既要确保建设工作的质量，又要考虑经营机构的实际情况和资源限制。

5. 分配资源

经营机构根据实施步骤和时间表，合理分配人力、物力和财力等资源，确保建设工作的顺利进行。

6. 建立监督机制

经营机构在制订计划的同时，应该建立相应的监督机制，对计划的执行情况进行监督和评估，及时发现和解决问题。

(二)完善组织架构和治理结构

在内部控制环境建设的实施步骤中，完善组织架构和治理结构是至关重要的一环。

1. 完善组织架构

第一，明确组织架构的设计原则。组织架构的设计应遵循战略导向、效率优先、分工协作、权责对等以及稳定性与适应性相结合等原则。这些原则有助于确保组织架构的科学性和合理性。

第二，设计和优化组织架构。根据经营机构的业务特点、市场环境和战略目标，设计和优化组织架构。这包括确定各部门的职能和职责、设置合理的岗位和人员配置、以及明确各个层级之间的权责关系。

第三，建立有效的沟通机制。在组织架构中建立有效的沟通机制，确保信息在各部门和层级之间畅通无阻，这有助于提高工作效率，加强部门之间的协作和配合。

2. 完善治理结构

第一，明确治理结构的组成要素。治理结构主要包括股东会、董事会、监事会和管理层等要素。这些要素在内部控制环境建设中发挥着重要的作用。

第二，优化治理结构的设置。根据经营机构的实际情况和业务需求，优化治理结构的设置。例如，确保董事会的独立性和专业性，加强监事会的监督职能，以及明确管理层的职责和权限等。

第三，建立有效的激励和约束机制。在治理结构中建立有效的激励和约束机制，引导员工和管理层的行为符合经营机构的整体利益。这包括制定合理的薪酬政策、绩效考核制度及股权激励计划等。

通过完善组织架构和治理结构，经营机构可以建立起科学、合理且高效的内部控制环境，为内部控制的有效实施提供有力保障。同时，也有助于提高经营机构的风险防范能力，保证经营的合规性和稳健性，促进经营机构的可持续发展。

(三) 优化人力资源管理

1. 制订人力资源计划

经营机构需要制订人力资源计划，明确人力资源的配置、招聘、培训、考核等方面的要求，以确保内部控制环境建设过程中人力资源需求得到满足。

2. 建立激励机制

经营机构应该建立有效的激励机制，通过合理的薪酬、奖金、福利等手段，激发员工的积极性和创造力，提高员工的工作效率和工作质量。

3. 加强员工培训

科技的飞速发展促使经营机构对员工的职业能力、素质要求越来越高，只有提升员工的综合素质，才能更好地满足发展需求。因此，经营机构要加强对员工的培训，提高员工的综合素养，使员工更好地适应内部控制环境建设的需求。

4. 建立考核体系

经营机构应该建立科学的考核体系，对员工的绩效进行评估和反馈，帮助员工发现自身不足并改进。同时，考核结果应该与员工的晋升、薪酬等方面挂钩，以激励员工更好地完成工作任务。

5. 建立人才储备库

经营机构应该建立人才储备库，对具有潜力的员工进行跟踪和培养，为经营机构的未来发展提供人才保障。

(四) 加强经营机构文化建设

加强经营机构的文化建设是内部控制环境建设的核心内容之一，也是经营机构持续发展的重要支撑。

1. 诊断经营机构文化现状

首先，需要对现有的经营机构文化进行全面的诊断，了解经营机构文化的特点、优势和不足。这可以通过员工调查、客户反馈、内部评估等方式进行。

2. 明确经营机构文化理念

根据经营机构的发展战略和价值观，明确经营机构文化的核心理念，包括经营机构的使命、愿景和核心价值观等。这些理念应该能够激发员工的归属感和创造力，提高经营机构的凝聚力和向心力。

3. 制订经营机构文化建设计划

根据经营机构文化现状和理念，制订详细的经营机构文化建设计划，包括建设目标、实施步骤、时间表和资源分配等，确保计划的可行性和可操作性。

4. 加强员工培训和教育

通过培训和教育，让员工深入了解经营机构文化的内涵和价值，培养员工的经营机构文化意识和行为习惯。

5. 营造文化氛围

通过各种方式营造经营机构的文化氛围，如组织文化活动、宣传经营机构文化标语、树立榜样和典型等，使员工在工作中不断接触和感受经营机构文化的价值观和理念。

加强经营机构文化建设需要全员参与和共同努力，只有建立起符合经营机构发展战略和价值观的经营机构文化，才能更好地促进经营机构的发展、提高内部控制环境的质量。同时，经营机构文化建设也需要不断进行改进和完善，以保持经营机构文化的先进性和创新性。

（五）强化信息化管理

强化信息化管理是内部控制环境建设的关键步骤，它有助于提升内部控制的效率和准确性，减少人为错误和舞弊风险。

1. 制定信息化战略规划

根据经营机构的整体发展战略和内部控制需求，制定信息化战略规划，明确信息化建设的目标、方向和重点。

确保信息化规划与内部控制环境建设目标相一致，为内部控制提供有效的技术支持。

2. 优化信息系统架构

对现有的信息系统进行全面评估，识别存在的问题和不足，如系统冗

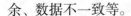

余、数据不一致等。

根据评估结果,优化信息系统架构,整合系统资源,提升系统的稳定性和可靠性。

3. 引入先进的信息技术

引入适合经营机构内部控制需求的信息技术,如 ERP(经营机构资源计划)、CRM(客户关系管理)、BPM(业务流程管理)等。

利用这些技术实现业务流程的自动化、标准化和规范化,提高工作效率和数据准确性。

4. 建立数据管理和安全机制

制定数据管理制度,明确数据的采集、处理、存储和访问等流程和要求。

加强数据安全防护,采用加密技术、访问控制等手段保护数据的安全性和完整性。

5. 开展信息化培训和教育

对员工进行信息化知识和技能的培训,提高员工的信息化素养和操作能力。

培养员工的信息安全意识,确保员工能够规范使用信息系统,避免信息泄露和损坏。

6. 持续监测和改进

建立信息化监测系统,实时监测信息系统的运行状态和性能表现。

定期评估信息化的效果,识别改进点,并制定相应的改进措施,持续优化信息化环境。

通过强化信息化管理,经营机构可以构建高效、稳定、安全的内部控制环境,提升内部控制的质量和效率。同时,信息化管理还有助于促进经营机构资源的优化配置和业务协同,推动经营机构的持续发展和创新。

(六)建立内部监督机制

建立内部监督机制是内部控制环境建设的重要环节。经营机构应该建立完善的内部监督机制,加强对内部控制环境建设的监督和评价,及时发现和解决存在的问题。同时经营机构应该建立独立的内部审计机构或审计委员

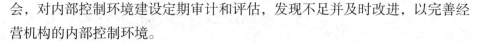

会，对内部控制环境建设定期审计和评估，发现不足并及时改进，以完善经营机构的内部控制环境。

1. 明确监督主体和职责

经营机构确定内部监督的主体，如内部审计部门、内部控制部门或其他相关机构，并明确其职责和权限，确保其能够独立、客观地进行监督工作。

2. 制订监督计划和程序

经营机构制订详细的监督计划，包括监督的对象、范围、频率和方式等，同时建立规范的监督程序，确保监督工作的有序进行。

3. 实施日常监督和专项监督

在日常工作中经营机构的内部监督机制要持续进行监督，及时发现和纠正内部控制存在的问题和缺陷。同时，针对特定事项或环节进行专项监督，如对重大决策、重要业务活动等进行重点监督。

4. 建立风险评估和应对机制

通过风险评估识别潜在的风险点，并根据风险大小采取相应的应对措施，降低风险对内部控制的影响。

5. 强化内部审计功能

内部审计是内部监督的重要手段之一，经营机构应加强内部审计的职能，提高内部审计的质量和效果。

6. 完善问责和奖惩机制

经营机构建立完善的问题责任追究制度，对违反内部控制规定的行为进行严肃处理。同时，建立相应的奖励制度，激励员工积极参与内部控制的各项工作。

7. 建立信息沟通和报告机制

建立信息沟通和报告机制确保信息的有效传递和沟通，及时报告内部控制的执行情况和存在的问题。同时，根据反馈意见不断完善内部监督机制。

总之，内部控制环境建设是一项长期而艰巨的任务，需要经营机构持续不断地努力和完善，只有建立起良好的内部控制环境，才能够保证内部控制的有效实施，提高经营机构的风险防范能力，保障经营机构的可持续发展。

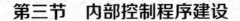

第三节　内部控制程序建设

一、制定内部控制标准

根据法律法规、行业规范以及经营机构的内部制度，制定适合经营机构的内部控制标准，明确各业务领域和部门的控制要求。在制定内部控制标准时，还需要注意以下几点。

第一，内部控制标准应具有针对性和可操作性，根据经营机构的实际情况和业务特点制定具体的标准和规范。

第二，内部控制标准应体现全面性、重要性、制衡性和适应性原则，以确保内部控制体系的有效性和持续性。

第三，内部控制标准的制定应注重成本效益原则，在保障内部控制效果的前提下，降低实施成本。

第四，内部控制标准的实施应加强监督和评估，及时发现和纠正不符合标准的行为和操作。

二、进行风险评估

经营机构要对经营活动中面临的各种风险进行识别、分析和评价，确定风险管理的重点和应对策略。在风险评估过程中，要注意以下几个重点。

第一，建立完善的风险管理机制，明确各层级的风险管理责任和角色分配。

第二，注重数据分析和量化管理，运用数据和模型对风险进行精确评估。

第三，及时更新风险评估结果，定期或不定期地对经营机构的风险状况进行重新评估和审视。

第四，加强沟通和协作，确保经营机构内部各部门之间能够有效地分享风险信息和应对策略。

三、设计控制流程

设计控制流程需要全面考虑经营机构的实际情况和业务特点，注重成

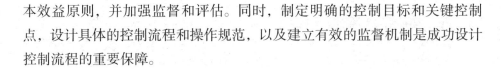

本效益原则，并加强监督和评估。同时，制定明确的控制目标和关键控制点，设计具体的控制流程和操作规范，以及建立有效的监督机制是成功设计控制流程的重要保障。

四、制定控制文档

制定控制文档需要全面考虑经营机构的实际情况和业务特点，应简洁明了、准确完整地描述内部控制活动，并建立相应的更新和维护机制。同时，明确文档的目的和内容、设计适当的格式、编写准确完整的文档、进行审核与批准、定期更新与维护及加强培训与宣传是成功制定控制文档的重要保障。具体体现在以下几个方面。

第一，确定文档的目的和内容。明确控制文档的目的和所需记录的内容，包括关键控制点、操作流程、审批权限等。

第二，设计文档格式。设计适当的文档格式，确保文档的条理清晰、易于阅读和维护。格式应包括标题、目录、正文、附录等部分。

第三，编写文档。根据确定的目的和内容，编写控制文档。控制文档编写过程中应注重简洁明了、准确完整地描述内部控制活动。

第四，审核与批准。对编写的控制文档进行审核和批准，确保文档的准确性和合规性。审核人员应具备相关知识和经验，能够对文档内容进行全面审查。

第五，更新与维护。定期更新控制文档，以反映内部控制体系的变化和改进；维护工作应由专人负责，确保文档的完整性和时效性。

第六，培训与宣传。经营机构应加强员工对控制文档的培训和宣传，提高员工的理解和执行力。通过培训和宣传，使员工能够更好地理解和遵守内部控制的要求。

在制定控制文档时，控制文档一要具有针对性和可操作性，根据经营机构的实际情况和业务特点制定具体的文档内容和格式；二要体现全面性、重要性、制衡性和适应性原则；三要在编写时简洁明了、准确完整，避免冗余和歧义；四要建立相应的机制和流程，更新和维护控制文档，以确保控制文档的准确性和时效性。

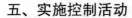

五、实施控制活动

实施控制活动需要全面考虑经营机构的实际情况和业务特点，注重成本效益，加强评估和监督。同时，制定具体的控制政策和程序、确定关键控制点、实施控制活动、建立监督机制及持续改进是成功实施控制活动的重要保障。

控制活动是为了保证管理指令得到实施而制定并执行的控制政策和程序。实施控制活动是内部控制体系中的关键环节，旨在确保经营机构的经济活动按照既定的目标、规范和流程进行。[①] 在实施控制活动时，重点注意以下几点。

第一，控制活动应具有针对性和可操作性，根据经营机构的实际情况和业务特点制定具体的政策和程序。

第二，控制活动应体现全面性、重要性、制衡性和适应性原则，以确保内部控制体系的有效性和持续性。

第三，控制活动的实施应注重成本效益原则，在保障内部控制效果的前提下，尽可能降低实施成本。

第四，控制活动的监督和评估应由专业人员或第三方机构进行，以确保客观性和公正性。

六、建立监控机制

建立监控机制是内部控制体系中的重要环节，旨在确保内部控制活动的有效实施和目标的实现。建立监控机制需要考虑以下步骤和因素。

第一，确定监控目标。明确监控机制的目标和宗旨，确保监控机制能够及时发现和纠正内部控制活动中的问题。

第二，确定监控范围。确定监控机制的范围和对象，包括关键控制点、业务流程、财务活动等。

第三，选择监控方式。根据实际情况选择适当的监控方式，如内部审计、专项检查、实时监测等。

---

① 覃海青. 浅析企业财务管理内部控制建设及其风险防范 [J]. 中国集体经济，2021（1）：151-152.

第四，建立监控流程。制定具体的监控流程，包括监控计划的制订、监控活动的实施、问题报告和处理等。

第五，设立监控机构。设立专门的监控机构或指定相关职能部门负责监控工作，确保监控机制的独立性和权威性。

第六，定期评估与改进。定期对监控机制的有效性进行评估，及时发现和改进存在的问题。同时，根据业务发展和环境变化，持续改进和优化监控机制。

七、强化外部审计与监管

强化外部审计与监管是内部控制体系的重要补充和完善，可以进一步提高经营机构的财务报告质量和内部控制水平。以下是强化外部审计与监管的重要措施。

第一，聘请专业审计机构进行外部审计。聘请有资质和经验的外部审计机构，定期对经营机构进行财务报告审计和内部控制评价。外部审计机构应保持独立性和客观性，不受经营机构内部利益关系的影响。

第二，强化审计监管力度。加强对外部审计机构的监管力度，确保其按照规定的程序和方法进行审计，提高审计质量和公信力。同时，对外部审计机构进行定期评估和考核，建立相应的奖惩机制。

第三，规范审计程序和方法。制定规范的审计程序和方法，确保外部审计机构按照统一的标准和要求进行审计。这有助于提高审计结果的准确性和可比性，为经营机构的决策提供更有价值的信息。

第四，加强与外部审计机构的沟通合作。加强与外部审计机构之间的沟通合作，建立良好的合作关系，共同解决审计中发现的问题。同时，积极配合外部监管机构的检查和指导，及时反馈问题，并提出改进建议。

第五，完善内部控制体系。在外部审计和监管的促进下，完善内控体系，加强内部管理，提高经营机构的风险防范意识和应对能力。同时，加强内部审计职能，确保内部审计的独立性和权威性。

八、建立奖惩机制

建立奖惩机制是加强内部控制和风险管理的重要手段之一。以下是建

立奖惩机制的关键步骤和考虑因素。

一是制定奖惩制度。根据经营机构的实际情况和业务特点，制定具体的奖惩制度。奖惩制度应明确奖励和惩罚的标准、方式和程序，以确保公平、公正和合理。

二是确定考核指标。确定科学合理的考核指标，以衡量员工的工作表现和业绩。考核指标应与经营机构的战略目标相一致，并具有可操作性和可量化性。

三是实施考核评价。经营机构按照考核指标对员工定期考核评价，客观公正地评估员工的工作表现和业绩。同时，加强与员工的沟通反馈，及时纠正存在的问题和不足。

四是落实奖惩措施。根据考核评价结果，落实相应的奖惩措施。对于表现优秀的员工给予适当的奖励和激励，以提高其积极性和工作热情；对于表现不佳的员工进行适当的惩罚和教育，以促使其改进和提高。

五是建立奖惩档案。建立员工奖惩档案，记录员工的奖惩情况，作为员工晋升、降职、调岗等人事决策的参考依据。同时，对奖惩档案定期审查和分析，以发现和改进存在的问题。

六是不断完善奖惩机制。随着经营机构的发展和环境的变化，不断对奖惩机制进行完善和改进。通过调查研究和实践经验，不断优化考核指标和奖惩标准，以提高奖惩机制的科学性和有效性。

九、建立信息反馈机制

建立信息反馈机制是内部控制体系的重要组成部分，有助于提高经营机构的运营效率和风险管理水平。建立信息反馈机制具体包括以下几方面。

第一，确定反馈目标。明确信息反馈机制的目标和宗旨，确保反馈机制能够及时收集、传递和应对相关信息，以支持经营机构的决策和运营。

第二，确定反馈范围。确定信息反馈机制的范围和对象，包括内部和外部利益相关者、关键业务流程、财务活动等。

第三，选择反馈方式。根据实际情况选择适当的反馈方式，如定期报告、实时监测、匿名举报等。同时，确保反馈方式的多样性和便捷性，以满足不同利益相关者的需求。

第四，建立反馈流程。制定具体的反馈流程，包括信息收集、整理、分析、传递和应对等环节。确保流程的顺畅和高效，以便及时应对和解决问题。

第五，设立反馈渠道。设立多种反馈渠道，如电话、邮件、在线聊天、社交媒体等，以便利益相关者能够方便地提出问题和意见。同时，确保反馈渠道的保密性和安全性。

第六，建立跟踪和监督机制。建立跟踪和监督机制，对反馈的问题和建议跟踪管理，确保得到及时解决和处理。同时，对反馈机制的有效性进行定期评估和改进。

十、建立应急预案

建立应急预案是为了应对突发事件或事故，降低其可能造成的损失，是保障经营机构正常运营的重要措施。建立应急预案具体包括以下几方面。

第一，明确应急预案的目标和范围。在制定应急预案之前，需要明确预案的目标和范围，包括可能发生的突发事件或事故类型、影响范围及后果等。

第二，进行风险评估。对潜在的突发事件或事故进行风险评估，了解其可能发生的频率、影响程度和危害性。这有助于确定应急预案的重点和优先级。

第三，制定应急预案。根据风险评估结果，制定相应的应急预案。预案应包括应急响应流程、资源调配、人员疏散、救援措施等方面的具体方案。

第四，确定应急组织架构。建立应急组织架构，明确各级人员和部门的职责和分工。确保在突发事件发生时，能够迅速启动应急响应机制，协调各方资源进行应对。

第五，定期演练和培训。定期进行应急演练和培训，提高员工应对突发事件的能力和意识。通过演练和培训，发现预案中存在的问题和不足，并进行改进和完善。

第六，建立信息沟通机制。建立有效的信息沟通机制，确保在应急响应过程中，能够及时传递信息、协调行动和报告情况。与相关部门和利益相关者保持紧密联系，共同应对突发事件。

第七，评估和更新预案。定期对预案进行评估和更新，以适应经营机构的发展和环境变化。通过实践经验和总结教训，不断完善和优化应急预案，提高其针对性和有效性。

第八，保持预案的保密性。对于涉及敏感信息的应急预案，应采取相应的保密措施，确保预案的内容不泄露给未经授权的人员，以免影响应急响应的效果。

第四节　内部控制监督机制建设

内控（内部控制）机制是整个内部监管体系建设不可或缺的内容，是规范经营机构生产经营行为的自我需求、是实现行业自律的重要途径，建设好、完善好、运行好内控机制，意义显著。内部控制监督机制建设需要从职责分工和监督管理两大方面入手。

一、内部控制职责分工

内部控制职责分工主要有以下几方面。

第一，内控领导小组负责确立内部控制政策，审定重大风险和重要业务流程的管理制度及内控机制，部署内部控制的重大事项和管理措施，指导和督促各单位建立和完善内部控制制度、程序和管理措施。

内控领导小组定期或不定期召开会议，研究部署内部控制工作，审议风险事件定级和责任追究建议，提出加强和改进的措施。

第二，内控办承担内控领导小组日常工作。主要职责包括：一是研究内控领导小组工作要求的贯彻落实。二是牵头拟订内部控制基本制度及内部控制监督管理的相关制度，审核专项风险内部控制办法。三是牵头组织拟订年度内控工作计划。四是组织开展内控检查、审核、考评、风险提示及风险事件调查，对各单位内部控制存在的问题提出处理建议。五是向内控领导小组报告内部控制的有关情况。六是会同专项风险防控牵头单位督促相关单位落实内控领导小组决定的事项。七是办理内控领导小组交办的其他事项。

第三，专项风险防控牵头单位分别负责专项风险防控办法的拟订、组织实施和监督管理等相关工作。负责税政条法工作的科（股、室）牵头负责法律风险防控；负责综合、预算、财政科研等工作的相关科（股、室）牵头负责政策制定风险防控；负责预算、政府债务、预算绩效等工作的相关科（股、室）牵头负责预算编制风险防控；负责国库、预算、政府债务、预算绩效等工作的相关科（股、室）牵头负责预算执行风险防控；负责行政工作的科（股、室）牵头负责公共关系风险防控和机关运转风险；负责行政、政府采购监督、资产管理等工作的相关科（股、室）牵头负责内部财务风险防控；负责信息系统的科（股、室）牵头负责信息系统管理风险防控；负责人事工作的科（股、室）牵头负责岗位利益冲突风险防控。专项风险防控牵头单位的主要职责包括：①拟订和组织实施专项风险内部控制办法。[①] ②具体组织实施专项风险内控检查、考评，配合开展内控审核。③建立有效的沟通协调机制，及时发现专项风险防控中存在的问题并提示有关单位，重大问题及时向内控办报告。④在专项风险防控职责范围内开展风险事件调查，提出风险事件解决方案、定级和责任追究建议并向内控办报告。

第四，各单位负责本单位职责范围内的内控管理工作。一是制定本单位内部控制操作规程和高风险业务专项内部控制办法等内部控制制度。二是负责对本单位的风险实施持续、有效的防范控制。开展本单位风险防控工作的分析评估和自查评价，及时向专项风险防控牵头单位和内控办报告本单位风险防控及异常情况。配合开展内控检查、审核、考评和风险事件调查等工作。三是各单位主要负责人对本单位职责范围内的内控管理负总责。各单位内控管理岗负责本单位的具体内控管理工作，包括协助本单位主要负责人完成其内控职责和单位职责范围内的内部控制制度和业务流程建设，向本单位主要负责人提出内控合规自查建议、向本单位主要负责人报告本单位内控管理隐患和风险事件。各单位内控管理联络员负责与内控办的工作联络，配合内控办的有关工作安排。

第五，负责人事工作的科（股、室）、机关纪委按照内控领导小组决定，负责对内部控制失职失察单位和干部职工违规行为进行责任追究。责任追究方式主要包括记录在案、公开通报、取消一定时期内评优评先资格等，以及组织处理或党纪政务处分。

---

① 杨伟芳.企业财务管理内部控制方式探析 [J].山西农经，2021（2）：138–139.

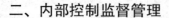

二、内部控制监督管理

第一，内控部门和专项风险防控牵头单位根据工作需要组织开展内控检查，及时发现内控薄弱环节、查找原因、堵塞漏洞。检查的主要内容包括各单位内控制度建设、执行、风险事件应对及处理等情况。

第二，内控部门会同专项风险防控牵头单位依据内控要求和规定开展内控审核，针对巡察、审计等提出的涉及内部单位的有关问题，从内控角度追根溯源、查错纠弊，督促问题整改。

第三，在内控领导小组统一领导下，内控办牵头组织内部控制制度建立和执行有效性的考核与评价。考评结果主要用于本部门内部控制工作改进、制度完善、年度考核等方面。

第四，内控部门会同专项风险防控牵头单位开展内控风险提示。通过列示内控风险点、剖析风险成因及危害、提出改进建议等方式，提示风险发生单位及其他相关单位及时防范控制风险、完善业务流程、落实内控措施。

第五，各单位发生风险事件后，应及时向专项风险防控牵头单位和内控办报告。接到报告后，牵头单位应立即启动风险事件调查，向内控办报告有关情况。涉及多个牵头单位的，由内控办研究确定调查方案，开展风险事件调查。

第六，有关内控检查、审核、考评及风险事件调查等情况，由内控办向内控领导小组报告。内控领导小组根据需要将相关情况向上级报告，内控办会同专项风险防控牵头单位督促落实有关处理意见。

第七，内控检查与内审、巡察等其他监督有机贯通、相互协调、成果共享，形成监督合力。负责财政监督工作的科（股、室）应将各单位内部控制制度建立和执行情况作为内审的重点，结合日常监督与对外检查发现的问题，对各单位内部控制有效性提出整改建议。

第八，建立健全内部控制监督管理情况披露制度，对内控工作做得好的单位和个人予以表扬，对内控工作不力的单位和个人予以通报。强化结果运用，将单位和个人执行内控制度情况纳入考核指标体系。

总之，内部控制监督机制建设是单位组织健康发展的重要保障。通过

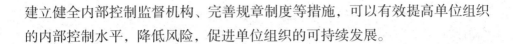

建立健全内部控制监督机构、完善规章制度等措施，可以有效提高单位组织的内部控制水平，降低风险，促进单位组织的可持续发展。

第五节　内部控制体系构建实践

要在社会竞争中扩大自身的影响力及竞争力，建设一个相对完善的内部控制体系是必不可少的，这是经营机构在市场竞争中的有力抓手。本节中，笔者以调研过的 A 单位作为研究的案例，展开详细论述。

一、A 单位内控（内部控制）体系建设的内容

（一）成立内控体系建设工作小组

A 单位成立专项工作小组，在不同层面推进内控建设工作。一是组建内部控制领导小组，全面领导单位的内控建设、持续运行、定期测评与后期调整工作。二是成立内控领导办公室，承办内控领导小组的决策事项，主要负责内控建设的组织协调工作。三是组建内控联络小组，由各部门指派一名内控联络员，负责本部门与内控领导办公室的日常沟通和衔接，保证内控建设的顺利推进。

（二）内控体系建设的工作方式与进程安排

A 单位聘请第三方咨询机构，借助其人员力量和专业能力搭建内控体系。整个内控建设采取自上而下的方式，分四个阶段完成。第一阶段，建立单位本级内控管理机制。建立内控组织体系，初步识别单位本级风险，以风险为导向梳理单位本级内控流程。第二阶段，推动单位本级内控落地及优化。将内控成果向单位本级各部门宣传并开展试运行，定期组织内控评价、发现缺陷、以评促建，不断调整和完善。第三阶段，建立单位整体内控体系。建立单位下属二、三级单位的内控管理体系；针对下属单位特有的经营领域和业务流程，设计具有针对性的制度体系和内控流程，贯穿授权流程、审批流程管理；将内控评价扩展到整个单位。第四阶段，借助信息化力量，

推进内控体系优化。信息化系统上线后，系统自动执行内控关键点，全面提高内控管理效率，提高单位管理水平。

（三）内控体系建设的核心步骤

经营机构内部控制的核心要义是承接战略，提升价值，逐步实现管理制度化、制度流程化、流程表单化、表单信息化。在搭建内控框架过程中，A单位聚焦实用性，将风险、内控、流程、制度充分融合，确保风险内控在制度流程中落实。

一是明职责，清晰组织职责体系和管控边界。A单位通过梳理单位风险管理及内控工作组织体系，理顺了单位组织架构及目标定位，确立了单位战略型管控模式，明晰了各部门的职能和管控边界，解决了内控工作谁来管、管什么、管到什么程度的问题。

二是控风险，进行风险诊断，构建风险数据库，提出内控优化建议。首先，识别风险、形成风险清单。在第三方机构协助下，A单位及下属单位根据各自经营特点、战略目标及管理层风险，考量风险可能性和影响程度，建立了适用的风险评估标准。其次，评估风险，确定风险管理优先等级。在风险识别的基础上，A单位借助风险热力图描绘风险分布情况，并聚焦重大风险和重要风险，对其进行重点管理。最后，针对不同风险进行分类管理，提出内控管理措施和建议。例如，针对重大风险，A单位引入对标方法，分析管控差距，确定可提升的业务点，并结合管控流程有针对性地提出管控措施，将其固化为控制点，纳入内控管理体系。

三是建体系，进行制度流程的梳理与优化。首先，A单位基于业务范围，搭建了覆盖关键业务的流程框架，对各项业务逐级分解，并根据所梳理的业务框架绘制核心业务流程图，以理顺业务逻辑。其次，在第三方机构协助下，A单位基于业务框架构建制度体系，该制度体系的构建遵循了分层、分类、分级的理念。所谓制度分层，指将制度分为一级制度、二级办法、三级细则等；制度分类，指将制度按业务性质分为投资类、采购类、财务管理类等内容；制度分级则是根据组织架构和管理层级，将制度分为单位级制度、子单位级制度等。[①] 最后，A单位将制度与流程相对应，通过设计流程

---

① 陈晟. 内部控制在企业财务管理中的有效应用 [J]. 会计师，2021（4）：77-78.

落实制度内容，对制度查漏补缺。

四是定授权，梳理授权矩阵，提升审批效率。根据集权或分权管理的要求，A 单位确定授权流程，厘清单位本级与下属单位的权责分配界限，解决了权限不清、审批冗长、效率低下等问题。在内控具体建设过程中，A 单位针对不同业务事项，分别对不同的管理机构和岗位设置了不同的权限，如提交、审核、审批等。

（四）内控体系建设的过程控制

A 单位内控体系建设强调闭环化与落地性。在业务开始阶段，工作组通过审阅制度、交叉询问、资料审阅、实地查验、穿行测试等方法，在对单位多个业务板块进行了解后，发现潜在风险并分析成因，进行初步诊断，为后续工作做好铺垫。

在业务开展过程中，工作组以每日会议形式，严格控制小组成员工作质量和进度，并以周交流、月汇报的方式定期与 A 单位相关部门和高管进行沟通，汇报工作进展、阶段性成果、下一步计划与工作思路。在保持专业性的同时，也充分考虑 A 单位的诉求。在现场工作结束后，工作组将交付物内容提交 A 单位，并与各条线、各板块业务人员就有异议或其他意见的内容再一次讨论沟通、修改提交，直至各方意见统一。给出最终交付物后，工作组继续跟进，就重要板块和内容进行培训宣传、讲解答疑，协助内控成果落地。最后，内控建设成果进入试运行阶段，工作组分别于试运行半年及一年，开展"回头看"工作，根据运行反馈对全面风险管理及内控体系进行细节修订和完善。

二、A 单位内控体系建设的成效

（一）管控效率提升，实现横向协同

通过与多个部门多次深入访谈，对单位组织管控现状进行了深入分析，识别出部分领域尚有明显的管理提升空间；通过梳理上百个关键控制活动，系统排查了业务领域间的衔接接口，厘清业务在不同部门的运行环节存在的阻塞点，进一步打通了单位部门、事业部之间的协作壁垒，提升了横向协同能力。

(二) 全面梳理,构建内控网状体系

A单位通过归纳关键控制活动相关的分级审批权限,完成资金、招投标、购销、投资等重要业务的标准化工作,实现内控体系上下贯通、全面覆盖,形成了一套相互监督、相互制衡的工作机制。渐进式地构筑了点、线、面相结合,横向到边、纵向到底,并能不断完善提升的动态网状内控管理体系。

(三) 系统谋划,提高"技防技控"水平

A单位利用信息化系统,完善内控系统权责设置和关键环节的信息化覆盖,通过将控制节点和控制要求固化嵌入信息化系统,实现审批线上流转、控制实时跟进,进一步实现了内控体系向"技防技控"升级转型。

三、A单位内控体系建设的启示

(一) 坚持"一把手"负责

内控制度的建立与完善对提升经营效率效果、实现战略目标具有重大作用,它涉及各部门职责、各业务条线,关乎经营机构发展全局。在内控建设中,"一把手"要敢担当、有作为,对本单位内控管理负总责。首先,"一把手"要意识到内控的目的是查找风险、剖析原因、清除隐患,对经营机构开源节流、提升资金效益、化解重大风险具有重要意义。其次,在内控建设过程中,"一把手"要作好部署安排,聚焦核心业务,坚持统筹推进,确保内控有效。最后,在内控建设实践过程中,"一把手"要带头遵守,最大限度减少干扰业务流程管控的人为因素,使内控真正成为防止出错的"规"和"矩"。

(二) 用好第三方机构的力量

经营机构内控建设业务覆盖广、流程线条长、工作难度大、人员素质要求高,经营机构仅凭自身力量很难开展,因此可借助第三方机构的力量实施。在选择第三方机构时,关注点要更多地放在对方的能力与业绩上,而不是价格方面。在开展工作时,要加强需求沟通,牢固树立"控制措施不是越

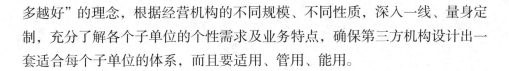

多越好"的理念，根据经营机构的不同规模、不同性质，深入一线、量身定制，充分了解各个子单位的个性需求及业务特点，确保第三方机构设计出一套适合每个子单位的体系，而且要适用、管用、能用。

（三）处理好几个平衡

一是要处理好规范和效率的平衡。规范的终极目的是提升效率、释放活力，在内控体系建设过程中，要平衡好这两者的关系。二是要处理好现阶段与未来发展的平衡。在内部控制及风险管理体系的设计中，要有一定的前瞻性、超前性，形成的成果要现阶段能用，未来一段时间也能适用。三是要结合实际、拓宽眼界。在内部控制及风险管理体系建设过程中，既要立足实际，又要大胆借鉴国内外的成熟经验、优秀案例。

（四）定期开展"回头看"

内控建设需要不断调整、适时优化，定期开展"回头看"。一是要紧跟国家政策的废、改、立、修步伐，及时研究工作开展中的新情况，新问题，对各项制度进行修订完善。二是要不断优化内控流程，梳理风险信息，结合监管要求，优化调整内控流程。三是要定期开展内控评价，结合巡查、审计发现的问题，将内控评价做实、做细，研究完善防控措施和制度机制，持续提升内控质效。

结 束 语

随着经济的发展和市场竞争的加剧，财务管理和内部控制体系对于各个单位尤其是经营机构越来越重要。良好的财务管理和内部控制体系有助于提高组织的效率和效果，增强组织的竞争力和可持续发展能力。本书通过对财务管理与内部控制体系构建的研究得出的结论主要有以下四个方面：

第一，在国家经济快速发展的新阶段，财务管理及内部控制对经营机构建设起着主导作用，是保证经营机构发展的关键因素。加强内部控制，完善财务管理工作是对经营机构财务活动开展所处环境，各项具体业务环节及财务监督等多方面的管理控制，要以内部控制为导向，通过强化内控工作来提高经营机构财务管理质量，对财务管理工作查缺补漏，建立健全经营机构内部管理制度，提高会计人员财务管理水平，重视项目开发，改革和创新经营机构财务管理模式，使财务管理模式更加完善，从而推动经营机构高质量发展。

第二，科学、完善的内部控制体系，为经营机构或单位的财产安全和资产完整起到积极的保证作用。内部控制体系整体框架是内部控制的一种理论形式，经营机构在建立自己的内部控制体系时，应当结合本单位的具体情况，建立控制有效、切实可行、能够确保财产安全、资产完整的内部控制体系，以促进各项经营管理活动规范、有序运行，增强经营机构的风险防范能力。

第三，随着大数据时代的到来，经营机构所处的商业环境产生了深刻而剧烈的变化，所面临的风险也日益复杂，对内部控制提出了更高的要求。如果说过去的竞争靠成本，现在的竞争靠技术，那么明天的竞争靠风险管理与内部控制。经营机构数字化转型背景下基于经营风险导向的内部控制，是经营机构财务部门前瞻性的高附加值的管理工作，是财务和业务部门发挥协同作用，共同控制运营风险、提升经营机构价值的重要工具。

　　第四，全球经济一体化发展的脚步越来越快，内部控制体系构建也引起了各个国家经营机构的重视，原因在于内部控制和风险管理和他们的生产经营，以及战略目标的实现都有着密切的关系。但是，如果经营机构忽略了风险管理的重要性，就会影响经营机构的稳定发展。基于此，需要经营机构提高对风险管理和内部控制的重视，健全经营机构各项管理制度和体系，加强经营机构的整体实力，确保经营机构有条不紊地健康发展。

　　以上是本书所得出的结论。不可否认的是，受笔者知识的广度和深度、资料来源、研究时间等因素的限制，书中仍有不足之处，笔者会在今后的研究中加以弥补和修正。

　　最后，感谢读者的支持和信任，笔者希望通过这本书，帮助读者全面了解财务管理和内部控制体系的基本理论和方法，掌握构建和实施有效的财务管理和内部控制体系的技能，提高组织的管理水平和竞争力，以更好地应对未来的发展变化。

参考文献

[1] 李沐．企业财务管理信息化建设路径研究 [J].经济师，2021（5）：66，68.

[2] 吴凤姣．大数据时代下企业财务管理创新研究 [J].行政事业资产与财务，2021(9)：107-108.

[3] 张鹏凯．高校基建财务管理高质量发展探究 [J].财会通讯，2023（18）：166-170.

[4] 薛敬．全面预算管理在企业财务管理中的运用分析 [J].中国集体经济，2023(9)：36-39.

[5] 苏娜．高校财务内部控制探析 [J].行政事业资产与财务，2023（5）：40-42.

[6] 徐晓芳．企业财务内部控制改进思考 [J].中国市场，2023(8)：170-172.

[7] 袁九坤．企业财务内部控制优化策略研究 [J].中国乡镇企业会计，2023(10)：132-134.

[8] 申志芳．服务型企业的财务内部控制建设探索 [J].财会学习，2023（18）：155-157.

[9] 阙巧燕．国企财务内部控制难点及优化策略 [J].财经界，2023(18)：111-113.

[10] 刘昆蓉．事业单位财务内部控制改进研究 [J].现代经济信息，2023（24）：48.

[11] 郑杰．财务内部控制机制在企业的应用研究 [J].品牌研究，2023（20）：51.

[12] 晁庆阳．企业财务内部控制策略研究 [J].中国商论，2021(7)：154-156.

[13] 王慧 . 供水企业财务内部控制的问题及风险控制 [J]. 中国市场，
    2023（32）：175-178.

[14] 宗文娟 . 财务智能化下的财务内部控制研究 [J]. 佳木斯大学学报
    （自然科学版），2022（2）：49-51.

[15] 王昉，曾玉峰 . 农业科研单位财务内部控制初探 [J]. 中国农业会计，
    2023（13）：35-37.

[16] 邱社军 . 事业单位财务内部控制体系构建探讨 [J]. 行政事业资产与
    财务，2023（9）：44-46.

[17] 朱玲玲，常弢 . 国有企业财务内部控制与企业绩效关系研究 [J]. 财
    会学习，2023（29）：161-163.

[18] 吴丽军 . 企业财务内部控制存在的问题及优化策略 [J]. 财会学习，
    2023（14）：164-166.

[19] 车红娟 . 有关财务审计与内部审计的创新融合策略 [J]. 中国商人，
    2024（1）：75.

[20] 刘建设 . 内部控制视角下企业财务风险防范策略探讨 [J]. 现代经济
    信息，2024（1）：98.

[21] 周宁宁 . 企业社会责任、内部控制与财务风险——基于中国旅游
    公司的证实研究 [J]. 江苏商论，2024（1）：55-59.

[22] 卜夙 . 管理会计在企业财务管理中的应用 [J]. 现代经济信息，2024
    （1）：18.

[23] 季亚楠 . 浅谈事业单位财务管理与财务活动分析 [J]. 现代经济信息，
    2024（2）：62.

[24] 匡颖 . 优化企业财务内部控制的措施探讨 [J]. 消费导刊，2024（1）：
    11.